読者のみなさまへ

　「赤毛のアン」を知っていますか。
　主人公アンは、生まれて3カ月でお父さんとお母さんを亡くして、孤児になってしまいました。養父母の家や孤児院で育てられますが、くらしはまずしく、父母のいないさびしさ、きびしい家事など、いろいろな困難を経験します。物語は、そんなアンが少女に成長し、カスバート家に引き取られてきたところからはじまります。
　アンはそんなに苦労しているのに、落ちこんで元気のない子だったかと言えばそうではなく、おしゃべりと空想が好きな明るい女の子でした。また、生活のいろいろな知恵と感謝の気持ちをもった魅力的な子でした。だからアンの物語は、世界中の子どもたちに愛され、読み広められました。
　アンのような子は、物語のなかだけにいる特別な子どもなのでしょうか。いいえ、実際に世界中のたくさんの子どもたちが、さまざまな苦労を背負いながらもたくましく生きています。なかには、戦争、災害、貧困など大きな困難のもとで、笑顔さえ見せながら生きている子もいます。それは、その子どもたちが「レジリエンス」という心の力をもっているからです。
　じつは、レジリエンスはだれでもがもっています。そう、あなたにもあります。そして、レジリエンスは練習すると高めていくことができるのです。
　この本では、レジリエンスを高めるためのワークをたくさん紹介しています。ひとつひとつはそんなにむずかしいものではありません。ひとりでできるものもありますし、友だちや学級のみんなとするものもあります。ワークをするたびに、新しい自分に気づくことができるでしょう。
　この本を通じて、心の奥底にねむっている力を引き出し、あなたが主人公のすばらしい人生の物語をつくっていきましょう。

もくじ

読者のみなさまへ …………………………………………………… 3

第1部　基礎編　レジリエンスを支える力

- ① 人には落ちこみから回復する力がある …………………… 8
- ② 立ち直るとき人は成長する ………………………………… 10
- ③ 「元気！」「しなやか」「へこたれない」…………………… 12
- ④ 体と心はつながっている …………………………………… 14
- ⑤ 明るい心が幸せを呼ぶ ……………………………………… 16
- ⑥ 「できる」「わかる」「役に立つ」…………………………… 18
- ⑦ 自分を好きになる …………………………………………… 20
- ⑧ なんでもやってみる ………………………………………… 22
- ⑨ 「きっとうまくいく」………………………………………… 24
- ⑩ 自分力を高める ……………………………………………… 26
- ⑪ 人とつながる ………………………………………………… 28
- ⑫ 思いやりのある自己主張をする …………………………… 30
- ⑬ がまん力をアップする ……………………………………… 32
- ⑭ ストレスをうまく乗り越える ……………………………… 34
- ⑮ 夢パワーで生き生きとくらす ……………………………… 36
- ⑯ かならず立ち直れる ………………………………………… 38
- ⑰ 生きる意志が最後の砦 ……………………………………… 40
- ミニワーク　ついてないときの気分アップおみくじ ……………42

第2部 実践編 レジリエンスを育てるワーク

● **元気な心**

- ⑱ 自分のことを知ってもらおう …………………………………44
- ⑲ うれしい言葉を見つけよう …………………………………46
- ⑳ いろいろな人と話そう …………………………………………48
- ㉑ 友だちほめて自分もうれしい …………………………………50
- ㉒ 短所を長所に ……………………………………………………52
- ㉓ 成功体験を生かそう ……………………………………………54
- ㉔ 体に「ありがとう」……………………………………………56
- ㉕ 川柳つくって気持ちはればれ …………………………………58
- ㉖ やればできる！ 自信をもとう ………………………………60
- ㉗ はたらいて身につける生きる力 ………………………………62

● **しなやかな心**

- ㉘ 「なんとかなるさ」で乗り切ろう ……………………………64
- ㉙ 「めさえご」 前に進もう ……………………………………66
- ㉚ 見方を変えて元気になろう ……………………………………68
- ㉛ 変化に慣れよう …………………………………………………70
- ㉜ 白と黒のあいだを見つけよう …………………………………72
- ㉝ 「ありがとう」を見つけよう …………………………………74
- ㉞ 自分の行動は自分で選ぼう ……………………………………76
- ㉟ ストレスを上手に発散しよう …………………………………78
- ㊱ 体をゆるめて心もリラックス …………………………………80
- ㊲ きちんと伝える・やさしく伝える ……………………………82
- ㊳ こんなにたくさん！ 気持ちを表す言葉 ……………………84

- ㊴ サポーターを見つけよう①家族 ……………………………… 86
- ㊵ サポーターを見つけよう②身のまわりの大人 …………… 88
- ㊶ サポーターを見つけよう③友だち ………………………… 90
- ㊷ サポーターを見つけよう④私を支えてくれる人びと …… 92

● **へこたれない心**

- ㊸ 夢を見つけよう ……………………………………………… 94
- ㊹ 立ち直り曲線（レジリエンスカーブ） …………………… 96
- ㊺ いろいろな立ち直り曲線 …………………………………… 98
- ㊻ 大人の人から学ぶ「立ち直り」 …………………………… 100
- ㊼ 物語からレジリエンスを学ぼう …………………………… 102
- ㊽ 乗り越え体験をつづろう …………………………………… 104
- ㊾ 悲しみの詩をつづろう ……………………………………… 106
- ㊿ 「四本の木」の生き方に学ぼう …………………………… 108
- 51 こんなときどうする①おじいちゃんが亡くなった ……… 110
- 52 こんなときどうする②地震がこわい ……………………… 112
- 53 こんなときどうする③スカートをはきたくない ………… 114
- 54 こんなときどうする④パパがご飯をつくってくれない … 116
- 55 こんなときどうする⑤みんなに無視された ……………… 118
- 56 なぜ生きるの？ ……………………………………………… 120
- **詩** 青いお空に ……………………………………………… 124

参考文献 ………………………………………………………… 125
あとがき ………………………………………………………… 126

装幀＝守谷義明＋六月舎
イラスト＝タカダカズヤ
本文レイアウト＝ Shima.

第1部
基礎編
レジリエンスを支える力

01 人には落ちこみから回復する力がある

レジリエンスとは

　私たちは、失敗したり、事故や災害にあったり、親しい人と別れたりすると、とても落ちこみます。もう二度と立ち直れないと思うこともあるかもしれません。しかし、実際には時間がたつにつれ、少しずつ立ち直り、心の傷もいやされていきます。それは、私たちが「レジリエンス」という落ちこみから立ち直る力をもっているからです。

　レジリエンスとは、もともと、金属の板などが曲げられても元にもどろうとする力のことを意味します。弾力のある金属の板が、曲げられても元にもどるようすをイメージしてください。ものがもつそのような弾力性を、私たちがもつ心の回復力に当てはめ、レジリエンスと呼ぶようになりました。

い ろいろなレジリエンス

●逆境のなかでも、力強く生きる子どもたち

世界には、貧困や虐待、戦争など、よくない環境に生まれ育つ子どもたちがいます。そうした環境の影響を受け、体や心の発育が十分でなく、問題ある行動をしてしまう子どもがいます。しかし、そんな悪い環境のなかでも、素直に元気に育っている子どもも少なくないことがわかってきました。子どもたち自身がもっているそうした強さがレジリエンスです。

●災害から立ち直る人びと

震災など、大きな災害が町をおそうと、当初はほとんどの人が絶望の淵に突き落とされ、悲しみのあまり気力をうしなったり、心を閉ざしてしまったりする人も出てきます。しかし、むしろ多くの人は少しずつ立ち直って、復旧、復興に向けて歩みはじめます。それは、人がレジリエンスという、心の回復力をもっているからです。

●ストレスを乗り越える

いやなことがあっても、時間がたてば少しずつ忘れることができます。勉強や練習や仕事など、緊張と努力の必要なことにも耐える力があります。それもレジリエンスのひとつです。

大人の方へ 子どもをほめる代わりにスパルタ式に困難体験をさせるとレジリエンスが育つ、というわけではありません。レジリエンスは、安心・安全な環境で、人とつながりながら、のびのびと学ぶなかでこそよりよく育まれるものです。

02 立ち直るとき人は成長する

苦難の後の成長

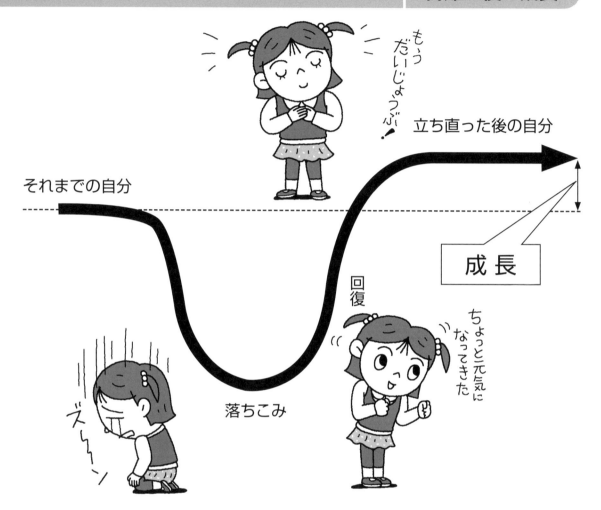

　人は、落ちこみから立ち直るとき、元の状態にもどるだけではありません。その経験を経て、人間として成長することができるのです。なくしたものはもどってきませんし、悲しみはなかなか消えてはくれないかもしれません。
　しかし、心にきざまれた悲しみの記憶は、命をいつくしむ心となり、自分を支えてくれたまわりの人への感謝は、ほかの人へのやさしさとなります。そして、一連の経験はそのまま、「立ち直れる見通しと自信」となって残り、その人のレジリエンスをさらに高めてくれるのです。

思い出そう

あなたは、困ったできごとやストレスを乗り越えて、前より成長できたことはありますか。思い出して書きましょう。

_____
_____
_____
_____
_____
_____
_____

ことわざから考えよう

「失敗は成功のもと」ということわざがあります。「失敗しても、それを反省してやり方を変えてみれば、成功につながる」という意味です。あなたは、失敗した後やり方を変えて成功したことはありますか。思い出して書きましょう。

_____
_____
_____
_____
_____
_____
_____

大人の方へ 心的外傷後ストレス障害（PTSD、Post Traumatic Stress Disorder）を負うようなつらい体験をした後、人間的に成長する人がいます。それを「心的外傷後成長」（PTG、Posttraumatic Growth）といいます。心身に大きな負担を強いる心の傷を負った後でさえ、人として成長する可能性があるのです。

03 「元気！」「しなやか」「へこたれない」

レジリエンスを支えるもの

　レジリエンスは、「頭のなかのある特別なはたらき」というよりも、さまざまな心の力が合わさったものです。

　たとえば、自分のことを好きだという気持ちをもつ人は、レジリエンスも高いといわれています。自分のことが好きであれば、困ったことが起きても、くよくよと自分を責めたり人のせいにしたりしないで「まあいいか」と思えるからです。自分のことを好きだという気持ちを「自尊感情」といいます。

　レジリエンスを支えるものには、自尊感情以外にもたくさんあります。それは、個人の能力にとどまらず、まわりの人との関係性なども含みます。つまり、レジリエンスはよりよく生きるための「総合力」なのです。この本では、それらを「元気！」「しなやか」「へこたれない」の3つにわけて学びます。

レジリエンスを支える3つの力

❶元気！：体も心も元気で、明るく生きる心の力

体の元気・生活習慣	体と生活習慣を整えると、心も元気になる
明るい心・ユーモア	笑顔で明るい気持ちが幸せを呼ぶ
自信	「できる」「わかる」「役に立つ」と感じる
自尊感情	「自分が好き」「自分が大切」と感じる
忍耐力	がまんする力、ねばり強い心をもつ
落ち着いた気持ち	怒りや不安を上手にコントロールできる
豊富な直接体験	「なんでも見よう」「やってみよう」という気持ち

❷しなやか：大嵐でも、ぽきりと折れてしまわない、やわらかな心の力

楽観性・プラス思考	「なんとかなるさ」「前を向いて進もう」と感じる
柔軟性	変化に対応し、あいまいさを受け入れる
自分力	自分の行動を自分で決める
感謝する力	感謝すると幸せを感じられる
コミュニケーション	きちんと気持ちを伝える
つながる力	なかまとつながる、相談する、助けを求める
ストレス対処技術	ストレスをパワーに変える

❸へこたれない：困ったことがあって落ちこんでも、立ち直ることができる心の力

立ち直れる自信と見通し	自分のレジリエンスを信じて、見通しをもつ
夢や目標	すてきな夢、わくわくする目標をもつ
道徳的信念や信仰	人として大事なものへの信念をもつ
生きる意志	命の尊さを感じ、生きる意味を求める

大人の方へ 親子関係、学校や社会、友人関係といった周囲の環境が子どものレジリエンスに大きな影響を与えます。この本は子どもたちへのアプローチを前提としていますので、環境要因については直接扱っていません。しかし、子どもたちの人間関係に対する見方を育て、つながる力を伸ばすという意味で、環境要因を意識したワークを用意しています。

04 体と心はつながっている

体の元気

自分で採点してみよう

あなたの体は元気ですか？

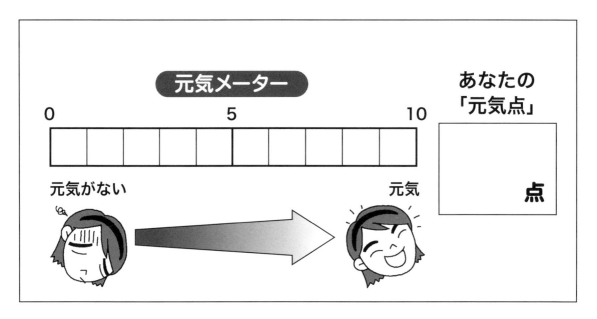

　体が元気だと、気持ちよく過ごせます。体が疲れていると、やる気もなくなります。明るい気持ちでいると、病気も早く治ります。心配事があると、お腹が痛くなったりします。

　気分や感情をかんたんに変えることはできなくても、体の状態を変えることはできます。落ちこんで立ち直れないとき、弱った心はひとまずわきに置いておき、体のほうにはたらきかけてみましょう。

　体を元気にする基本は、よく寝、よく食べ、よく運動することです。早寝・早起きをして、日中を元気に過ごすための生活リズムができていますか。栄養がかたよらないよう、いろいろなものをバランスよく食べていますか。お日様にあたり、たくさん遊んだり運動したりしていますか。いますぐにすべてを実行するのはむずかしいものです。でも、一つでも改善できれば、かならず元気になることができます。

体を元気にするためのヒント

体や心のようす	はたらきかけのアイデア	
勉強に習い事。朝から晩までいそがしくて、体も心もくたくた。もう元気がわいてこない。	お風呂で体をあたためて、早めに寝よう。体の疲れがとれたら、気持ちもリフレッシュします。	
いやなことがあってからやる気が出ず、部屋に閉じこもって、ゲームばかりやっている。	体操やスポーツで体を動かしてみよう。血のめぐりがよくなって、気持ちも前向きになれます。	
夜すぐに眠れないので、テレビやマンガを遅くまで見ている。朝起きられなくて、登校がつらい。	早寝・早起きの生活リズムをとりもどそう。毎日の生活が安定してくると、気持ちも安定します。	

ワーク　あなたの「元気点」を1点上げる方法を考えよう

　自分自身で考えたことがいちばんよい方法です。自分で考えた方法なら長くつづけられるからです。元気点に10点をつけた人は友だちにアドバイスするつもりで考えましょう。

体や心のようす	はたらきかけのアイデア

大人の方へ　第二次性徴の時期にさしかかり、体や心のなやみをかかえている子どももいます。人の成長についての知識を十分に与え、子どもたちが心身ともに元気で生活を送れるようにしてあげてください。

05 明るい心が幸せを呼ぶ

明るい心

自分で採点してみよう

あなたは、日々、明るい気持ちで過ごしていますか？

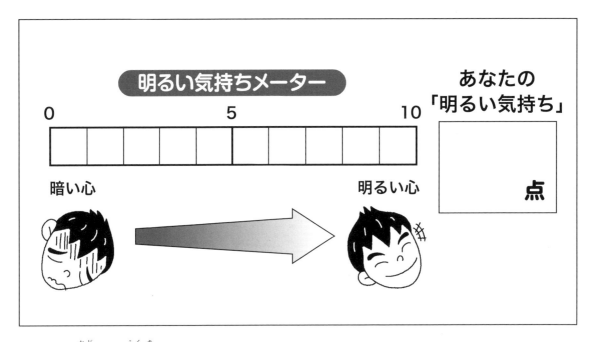

　「笑う門には福来たる」ということわざがあります。「笑いの絶えない家には、幸福がやってくる」という意味です。病気になっても、明るい心で過ごしていたら、早く治ります。困ったことが起きても、明るい心で過ごしていたら、うまく乗り切ることができます。
　明るく陽気な性格の人もいれば、おとなしい性格の人もいますが、「明るい心」はそうした生まれもった性格とはちがいます。日常生活で、ちょっとしたことによろこびを感じて、のびのびと活動する心です。ですから「明るい心」は心のもちようや生活の工夫しだいでだれでももつことができます。
　もちろん、悲しいときやさびしいときにまで、無理やり明るい気持ちになる必要はありません。自分の素直な感情を大事にしましょう。

「明るい心」をふくらませるためのヒント

❶趣味をもつ

クラブ活動や習い事、趣味などがあれば、つらいできごとがあっても、忘れることができます。勉強するのが大変でも、趣味があれば、それを楽しみにがんばることができます。

❷あいさつをする

朝、ねむくても「おはよう」と声を出せば、少しずつ体が目覚めます。友だちに会ったら笑顔で「おはよう」と声をかければ、友だちもあなたも明るい心になれます。

ワーク　あなたの「明るい気持ち」を1点上げる方法を考えよう

――――――――――――――――――――
――――――――――――――――――――
――――――――――――――――――――
――――――――――――――――――――

大人の方へ　大人が笑顔を絶やさず、楽しい教室や明るい家庭をつくることが、子どものレジリエンスを育てます。

06 「できる」「わかる」「役に立つ」

自信

自分で採点してみよう

あなたは自分に自信がありますか？

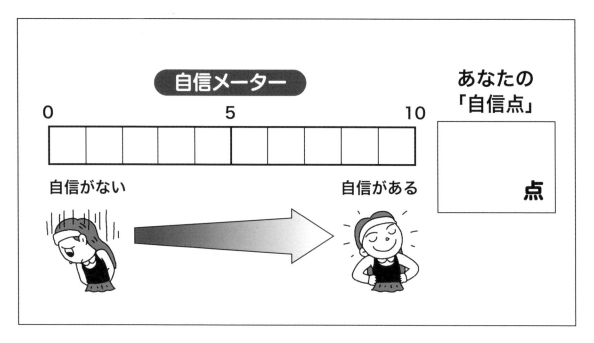

　やってもできずにあきらめた経験を何度もすると、「どうせ自分なんて」という気持ち、自分は何もできない人間なのだという気持ちが強くなります。こうした気持ちを「無力感」といいます。無力感が強くなると、かんたんなこともはじめから「できない」と思いこんでしまいます。

　反対に、やればできたという経験を何度もすると、自分はいろいろなことができるという気持ちをもつことができます。この気持ちを「自信」といいます。自信があれば、むずかしいことでも、なんとか努力すればできるかもしれないと思うことができます。

　人とくらべてできていることも自信になります。でもそれは、自分よりもできる人が現れたらすぐにくずれてしまいます。自分が少しでもがんばってできるようになったという経験は、ゆるぎない自信になります。

自信をもつためのヒント

❶ 少しがんばればできそうな目標を立てる

はじめから高すぎる目標を立てると、いつまでも達成できずに、あきらめてしまいがちです。失敗した印象が強く無力感が残ります。

❷ ほめてくれそうな人にじまんする

目標を達成したら、ほめてくれそうな家の人や友だちを探してじまんしてみましょう。作品を見せたり、実演したりしてもよいでしょう。ほめてもらえれば自信がつきます。

ワーク　あなたの「自信点」を1点上げる方法を考えよう

_____

_____

_____

_____

大人の方へ　心にも思っていないことを口先だけでほめても、子どもはそれを見抜きます。短い言葉でかまいません。ちょっとしたことでも、がんばったり、うまくできたときに、それを見のがさず、すぐほめてあげることが大切です。

07 自分を好きになる

自尊感情

自分で採点してみよう

あなたは自分が好きですか？

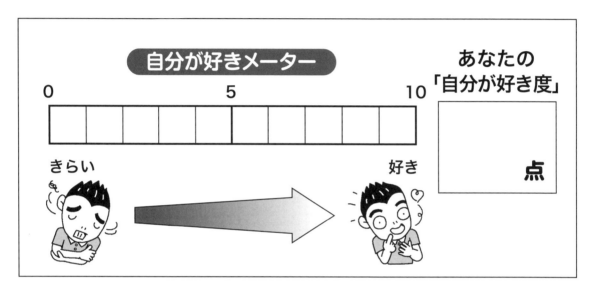

「自分が好き」という感覚を自尊感情といいます。自尊感情は、つぎのような気持ちが合わさったものです。

- ●自分が「できる」「わかる」「役に立つ」と感じること（自信・自己効力感）
- ●自分にはこんなによいところがあると感じること（ポジティブな自己認識）
- ●ありのままの自分を受け入れる気持ち（自己肯定感）

自尊感情の高い人は、自分だけでなく他人も大事にすることができます。自尊感情の高い人は、自分だけでなく、他人や他人のものも好きになれます。自尊感情の高い人は、困ったことが起きて落ちこんでも、立ち直ることができます。

一方、自分のことが好きになれない人は、自分に対する見方がとてもきびしい人です。「自分にきびしく」というのは、大事な心がまえです。向上心にもつながります。ですから、自分がきらいだという気持ちもあってよいのです。でも、それだけだと苦しいので、少し自分を好きになる工夫をしましょう。

自分を好きになるためのヒント

❶ だれかといっしょに同じことをする

友だちといっしょに遊ぼう。家族といっしょにテレビを見よう。先生とおしゃべりをしよう。だれかと同じものを見て同じように感じることで、自分はこれでいいのだと安心することができます。その体験が積み重なって、自然と自分を好きになっていけるのです。

❷ 好きなものを増やす

自分をなかなか好きになれない人も、ほかの人やものを好きになることはできます。家族、友だち、テレビのアイドル、歴史上の英雄、趣味、本、季節、景色など、好きなものを増やしましょう。好きなものに囲まれていると感じるうちに、自然と自分を好きになっていけるのです。

ワーク　あなたの「自分が好き度」を1点上げる方法を考えよう

_____

_____

_____

_____

大人の方へ　子どもたちをあふれるような愛情で包んであげてください。不安感が強い子どもも、まわりの大人たちの関わりによって、少しずつ自尊感情を育んでいくことができます。

08 なんでもやってみる

直接体験・好奇心

自分で採点してみよう

あなたは「なんでも実際にやってみよう」という気持ちが強いほうですか？

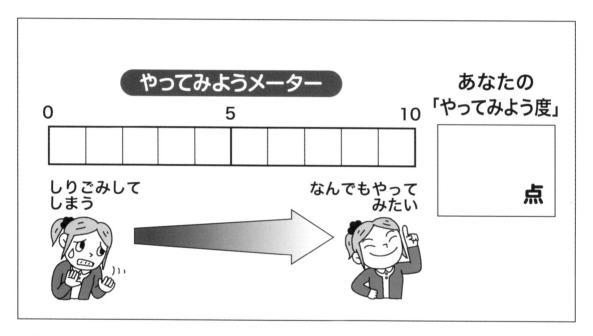

　頭のなかで考えるだけでなく、実際に体を動かして体験することで、体も頭も生き生きとしてきます。そうした経験は、あなたの知識や知恵の「核(かく)」となります。「核」があると、自分の考えをもつことができます。いろいろな世界を知ることで、心が広くなります。
　そんな体験へとみちびいてくれるのが、好奇心です。実際に見にいきたい、実際にやってみたい、そんな気持ちが好奇心です。
　ゲームやインターネットも好奇心を満たしてくれることがあります。でも、実際の生活の感覚が弱い子ども時代に、ゲームの世界に入りこみすぎると、仮想と現実との区別がつきにくくなってしまうことがあるのです。ゲームは楽しいものですが、そればかりしないで、現実の生活を充実させましょう。

直接体験を増やすヒント

❶お手伝いをする

お手伝いは、やらされていると思えばめんどうですが、自分の体験を増やすチャンスと考えれば、やる気がわいてきます。自分なりに「もっとうまくできる方法」を工夫すれば、家の人もよろこび、あなたも充実感が得られ、一石二鳥です。

❷いろいろな遊びにチャレンジする

自然は不思議に満ちています。ゲームやインターネットだけでなく、現実の世界で体を動かして遊びましょう。虫めがねをもって地面を見ているだけでもおもしろいものが見つかります。

ワーク　あなたの「やってみよう度」を1点上げる方法を考えよう

___

大人の方へ　学校では、理科や社会の授業、総合的な学習の時間など、直接体験をさせる機会はたくさんあります。机上の学習だけでなく、五感を使った体験そのものがレジリエンスを高めます。

09 「きっとうまくいく」

楽観性

自分で採点してみよう

あなたは、「きっとうまくいく」と考えるほうですか？

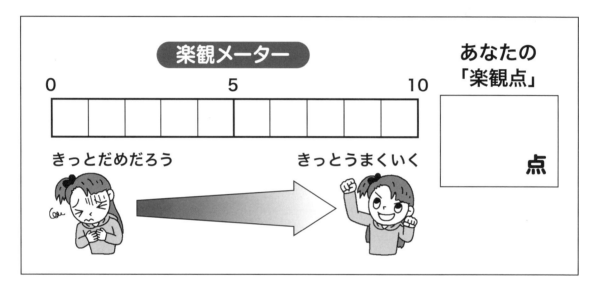

　楽観性とは「きっとうまくいく」と、明るい見通しをもつことです。悲観性とは「きっとだめだ」と、悪い結果を想像することです。楽観性が高いと、困ったことが起きても、なんとかなると考えて乗り越えていくことができます。悲観性が高いと、悪い結果をあらかじめ考えて、それに備えた準備をすることができます。どちらも大事な考え方です。

　しかし、どちらか一方が強すぎるのは問題です。楽観性が強すぎると、努力しないでもなんとかなると思ってさぼったりしがちです。また、災害時に警報が出ても、「きっとだいじょうぶだ」と高をくくって被害にあうことがあります。一方、悲観性が強すぎると、きっとだめだと思ってはじめからあきらめてしまったり、悪いことばかり考えて、不安が強くなって落ちこんでしまったりします。

　落ちこんだ気持ちから立ち直りたいときは、楽観的な気持ちをもてるように工夫しましょう。

楽観的になるヒント

❶「人事を尽くして天命を待つ」

いまできることを書き出し、それらをすべてすませます。そして、「なんとかなるさ」と気持ちを切りかえます。

❷「なんとかなるさ」のおまじない

- 山よりでっかい熊は出ん
- なんくるないさ（なんとかなるさ）沖縄方言
- めさえご（前に進もう）岩手方言

気持ちが楽になるおまじないを考え、心配なときにそれを何度もとなえます。

ワーク　あなたの「楽観点」を1点上げる方法を考えよう

大人の方へ　災害時に、根拠もなく「だいじょうぶだろう」と考えてしまうことを「正常性バイアス」といいます。楽観だけでなく、悲観や不安も大事な心のはたらきであることを指導しましょう。

10 自分力を高める

自分力

自分で採点してみよう

あなたは、困ったことが起きたとき、「人のせい」にしますか？
「自分のせい」にしますか？

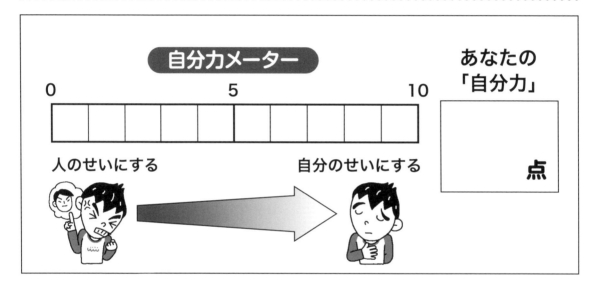

困ったことが起きたときやうまくいかなかったとき、
- どうするかを自分で選んで決められる。
- 人のせいにしない。
- ぐちをこぼすだけではなく、なんとか自分で未来を切り開こうとできる。

このような人は「自分力」の高い人です。

人のせいにしていると、なかなかつぎに進もうとする気持ちがわいてきません。他人を変えることはむずかしいからです。また、過ぎ去ったことをくやんでも仕方がありません。過去を変えることもできないからです。

「自分力」の高い人は、「自分はいっしょうけんめいやったけれど、こうすればつぎはうまくいくかもしれない」と見通しと希望をもって、未来に向けて進むことができます。

「他人と過去は変えられないが、自分と未来は変えられる」（エリック・バーン）

「自分力」を高めるヒント

❶ 「○○のせい」は禁句にする

「○○のせいでこうなった」と言うのが口ぐせになっていませんか？　そうだと思う人は、「『○○のせい』と言わない！」と紙に書いてはり出します。そうすれば、自分にできることが少しでもあるのではないかと考えるようになります。それが「自分力」のめばえです。

❷ 自分の予定を自分で書く

行事や約束など、自分の予定は、自分でカレンダーや手帳に書きましょう。それだけで自分力がアップします。自分で時間と行動をコントロールしようという気になるからです。書きこみスペースのあるカレンダーを用意して、見えるところにかけておくのがかんたんな方法です。

ワーク　あなたの「自分力」を1点上げる方法を考えよう

―――――――――――――――――――
―――――――――――――――――――
―――――――――――――――――――
―――――――――――――――――――

大人の方へ　悪いことが起きたとき、自分を責めつづけるだけの子どもがいます。やさしさや責任感の強い子どもだからでしょう。しかし、変えようのない「過去の自分」を責めるのは、他人を責めることと似ています。失敗したのなら、今後どうするべきかを考えるのがほんとうの「自分力」であるといえます。

11 人とつながる

つながる力

自分で採点してみよう

あなたは、相談できる人、助けてもらえる人、教えてもらえる人などがたくさんいますか？

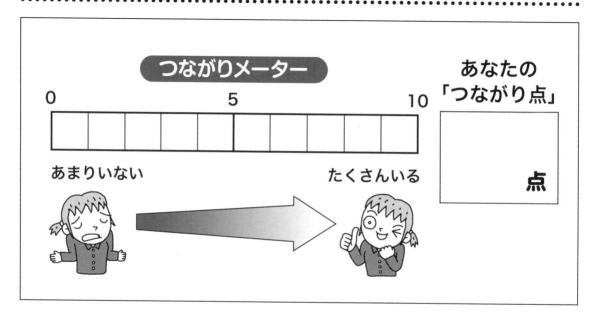

- どんな人とでもコミュニケーションできる人
- 困ったときに相談できる人がたくさんいる人
- 同じ目的をもったなかまがたくさんいる人

このような人は人とつながる力が高い人です。

　もちろん、人と関わることは楽しいことばかりではありません。なかのよかった友だちとけんかをしたり、いじわるをされたり、家族からがみがみと注意されたり、どうしても自分と合わない先生がいたり……。人と関わることで、悲しさ、怒り、ストレスを感じることも少なくありません。

　でも、人はひとりでは生きていけません。いろいろな人とつながることによって、人生を豊かにすることができます。人とつながる力は、生きる力そのものであり、レジリエンスにとって大事な要素です。

つながる力を高めるヒント

❶いろいろな人と活動する

なかよしグループの子とだけでいると、気持ちは楽ですが、人間関係は広がりません。ほかのグループと対立したり、グループ内でなかまはずれが起きたりします。思い切ってあまり話さない子にも声をかけ、いっしょに活動してみましょう。

❷大人に相談する

勉強でわからないことがあるときや、なやみごとがあるときには、思い切って、先生や親など大人に相談しましょう。担任の先生だけでなく、あなたが話しやすい先生や養護の先生、それから、家族や先輩や親せきの人など、信頼できる相談者はたくさんいます。

ワーク　あなたの「つながり点」を1点上げる方法を考えよう

大人の方へ　ラインやフェイスブックなど、インターネット上のSNS（ソーシャル・ネットワーキング・サービス）でも、人とつながることが可能です。しかし、インターネットでは、現実世界では縁のないような有害情報や犯罪に巻きこまれることがあります。インターネットの危険性やネットモラルについて、子どもたちに対する指導が何より必要です。

12 思いやりのある自己主張をする

アサーション力

自分で採点してみよう

あなたは自分の考えや気持ちをきちんと相手に伝えられますか？

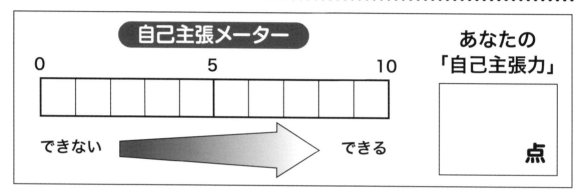

あなたは相手の気持ちを考えて話をすることができますか？

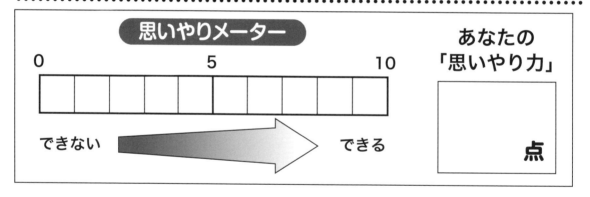

　気持ちや考えをお互いに伝え合うことをコミュニケーションといいます。コミュニケーションは、社会で生活していくのに大事な力です。

　相手の気持ちを考えずに文句や命令など攻撃的な自己主張をすると、けんかになったり、いやがられたりします。そうかといって、自分の言いたいことをがまんしていると、ストレスがたまります。自分の気持ちをきちんと言葉にして相手に伝えることが大切です。

　自己主張と思いやりのバランスのとれた、「思いやりのある自己主張」をすることが大事です。

思いやりのある自己主張力を高めるヒント

❶ はっきりていねいに伝える

できるだけていねいな言葉づかいで気持ちを伝えます。ただし、言いたいことはぼかさず、はっきりと伝えます。また、うそはつかないほうがよいでしょう。うそをつくと、つぎもまたうそをつかなければならなくなります。

❷ 「私メッセージ」で気持ちを伝える

相手の悪いところばかりを言い立てると、相手は気を悪くします。「私は○○だと思う」のように、私を主語にして気持ちを伝えることを私メッセージといいます。私メッセージで伝えると、相手も落ち着いて聞いてくれるようになります。

ワーク　あなたの「自己主張力」と「思いやり力」のうち、評価の低いほうを1点上げる方法を考えよう

___

___

___

大人の方へ　どんなに思いやりをもって言っても、相手にうまく伝わらないことがあります。それは仕方のないことです。でも、まごころをもって接していると、相手もまごころで返してくれることが多くなります。

13 がまん力をアップする

がまん力

自分で採点してみよう

あなたはがまん強いほうですか？

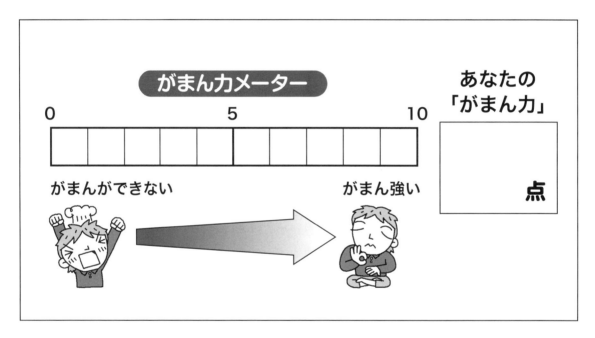

　あなたは、日々の生活で、がまんすることがどれくらいありますか。ほとんどがまんすることがないという人がいたら、ちょっと注意しなければいけません。これからの人生で、どうしてもがまんしなくてはいけないことは、たくさんあります。それに耐える心が育っていないかもしれません。

　でもだいじょうぶ。がまんする力（忍耐力）は、自分できたえることができます。人からがまんを強制されると、苦しくてたまりませんが、自分の心のトレーニングだと思うと、やる気がわいてきます。

　がまんしないということは、「欲望」のままにくらすということです。がまんトレーニングによって、欲望にうばわれた心をとりもどすことができます。忍耐力だけでなく、自信や自分力など、いろいろな心の力を高めることができます。

忍 耐力をきたえるヒント

❶ おやつの前トレーニング

学校から帰ってすぐにおやつを食べるのではなく、その前に宿題などひと仕事してみましょう。がんばったごほうびのおやつは、いつもよりおいしいはずです。

❷ 運動習慣をつける

スポーツクラブなどに入っている人は、苦しいトレーニングをすることで自分の記録が伸びることを実感できるでしょう。スポーツをしていない人も、何かひとつ運動の習慣をつけましょう。苦しくなってからもうひとがんばり。それががまん力をつけるコツです。

やくそく
- いじめなど人間関係のことでがまんしてはいけません。
- ダイエットなどの目的で、大切な三度の食事をがまんしてはいけません。
- がまんばかりして、自分の気持ちを抑えこんではいけません。

ワーク あなたの「がまん力」を1点上げる方法を考えよう

大人の方へ 人からがまんを強制されると、苦しくてたまりません。自分の心のトレーニングだと思うと、やる気がわいてくることに気づかせましょう。

14 ストレスをうまく乗り越える

ストレス対処技術

自分で採点してみよう

あなたは、ストレスに強いほうですか？

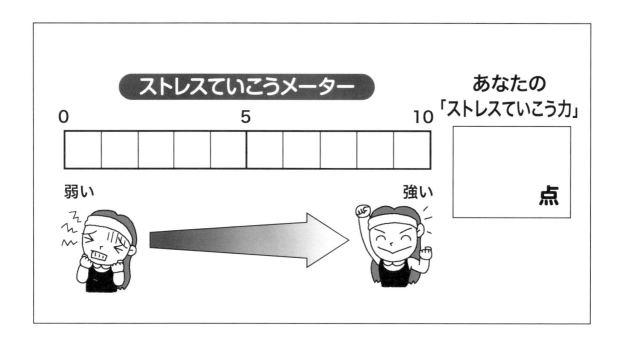

日々の生活にはストレスがつきものです。学校は楽しいところですが、ストレスの元になることもたくさんあります。家でものんびりできる日ばかりではなく、親や兄弟とけんかしたりして、ストレスを感じることもあります。他人といることは、それだけでストレスがかかるのです。

ストレスが強すぎると、体に悪い影響（えいきょう）が出る場合があります。お腹（なか）が痛くなったり、病気にかかりやすくなったりします。しかし、適度なストレスがあったほうが、人の心は強くなります。困難を乗り越えたときのよろこびも大きくなります。ストレスをへらそうとするだけでなく、むしろ、ストレスと上手につき合う方法を知り、ストレスを生きる力に変えていろいろなことに挑戦したほうが、体も心も健康に過ごせるようになります。

ストレスをうまく乗り越えるヒント

❶ きょうすることはきょうのうちに、あしたできることはあしたする

することを「仕事リスト」に書き出し、いつまでに終わらせるか仕分けします。きょうすることはきょうのうちに終わらせます。先のばしにすると、「しなければならない」という気持ちを引きずってストレスになります。あしたできることは、あしたすると割り切ります。

❷ 汗をかく

強めの運動をして、汗をかきましょう。いやなことを忘れやすくなります。血液の流れもよくなり、元気がわいてきます。

ワーク あなたの「ストレスていこう力」を1点上げる方法を考えよう

___

___

___

___

大人の方へ 強すぎるストレスはレジリエンスを損なう方向に作用します。勉強やクラスの友だちや教師自身が子どもに過度なストレスを与えていないか、常に点検する必要があります。

15 夢パワーで生き生きとくらす

夢や目標

自分で採点してみよう

あなたは将来への強い夢や、実現したい目標がありますか？

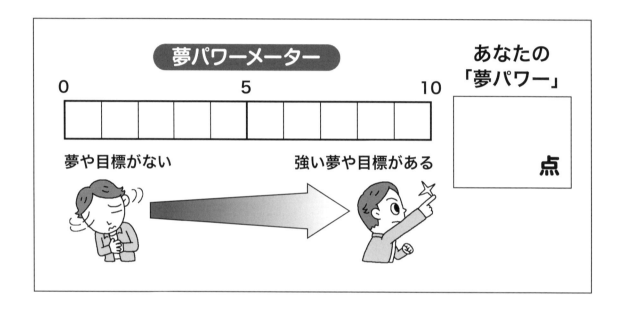

　夢や目標は、私たちが生き生きとくらすために、とても大事なものです。
　夢とは、将来自分がなりたいものやしたいことです。夢はだれでももつことができます。大きな夢、すてきな夢、正義感にみちた夢……、いろいろな夢があります。とてもかなえられないと思うようなことでも、夢をもつこと自体は自由です。夢があるとわくわくします。
　目標とは、何かを実現するためにやりとげるべき目あてのことです。目標があると、苦しくてもがんばれます。いま何をすればよいのかがはっきりします。目標を達成できれば自信につながります。そこからまた新しい目標が見えてきます。そしていつか、大きな夢もかなえることができるのです。
　夢や目標があれば、困ったことがあっても早く立ち直ることができます。心が未来を向いているからです。

夢や目標をもつヒント

❶いろいろな人に出会う

いろいろな仕事をしている人、すてきな生き方をしている人にたくさん会いに行きましょう。学校の社会見学でも、仕事の見学をする機会があります。はたらいている人たちがどんなねがいをもち、どんな工夫をしているのかをしっかり見てきましょう。あこがれの人や尊敬できる人に出会ったら、その人のようになりたいという夢や目標が生まれます。

❷大きな目標をかなえるために小さな目標を立てる

大きな目標（夢）をかなえるために、小さな目標を立てるとがんばることができます。小さな目標はできるだけ具体的に、できれば数字や期限を設けるとやる気がアップします。小さな目標を達成できれば、つぎの新しい目標ができるはずです。

ワーク あなたの「夢パワー」を1点上げる方法を考えよう

_____
_____
_____
_____

大人の方へ 目標は人に話す（宣言する）と、がんばろうという気持ちになります。子どもたちが、将来の夢を語ったり、新年に目標を書いたりする機会を設けることが有効です。

16 かならず立ち直れる

回復力

自分で採点してみよう

あなたは落ちこんでもすぐ立ち直れますか？

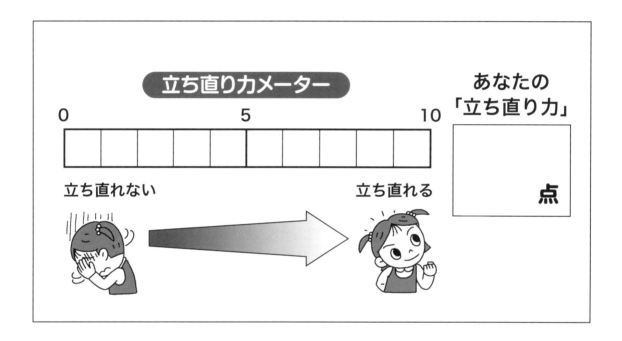

　人はいやなことがあって落ちこんでも、しばらくすると立ち直ることができます。それは、そのできごとを少しずつ忘れることができるからです。また、忘れなくても、はじめに受けた大きなショックは、だんだんとうすれていきます。そのようにして人は自分の心を守っているのです。

　いやなことが頭にこびりついて離れないこともあります。人の脳には、失敗体験をしっかり記憶し、つぎの危険にそなえるようなしくみがあるからでしょう。

　失敗を覚えておくのは大事なことですが、いやな気持ちをずっと引きずっていたくはありません。上手に忘れて心を回復させる方法を試してみるとよいでしょう。

立ち直り力を高めるヒント

❶上手に忘れる

いやなことを上手に忘れられれば、立ち直りやすくなります。「忘れよう、忘れよう」と思っても、よけいにそのことばかり考えてしまいます。ちがうことに目を向けるのがポイントです。

❷きちんと思い出す

反対に、いやなできごとを順番にきちんと思い出すと、もやもやした気分が晴れることがあります。作文がよい方法です。悪かった点、よかった点なども書き加えましょう。「もやもやした気持ち」が「整理された考え」に置きかわり、立ち直るきっかけになります。

> **やくそく**
> ・ものすごくショックなできごとの場合、ひとりで無理に思い出そうとしてはいけません。
> ・安心できる場所で、気持ちをわかってもらえる大人の人といっしょに思い出しましょう。

ワーク　あなたの「立ち直り力」を１点上げる方法を考えよう

大人の方へ　心の回復力（レジリエンス）を高めることはこの本のテーマそのものです。ほかのワークも参考にしてください。

17 生きる意志が最後の砦

生きる意志

自分で採点してみよう

あなたは、苦しいことがあっても、しっかりと生きていかなければいけないと考えますか？

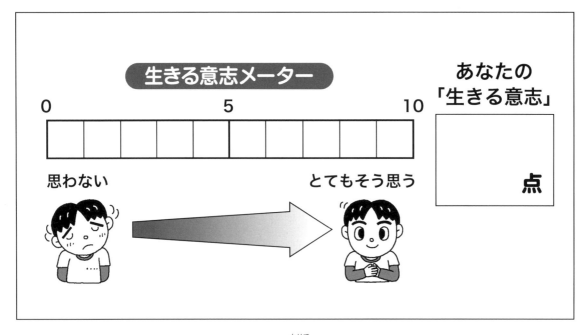

　生きる意志はレジリエンスの最後の砦(とりで)です。落ちこんで立ち直れそうにないときも、死にたいほどの苦しさにあるときも、人は生きていかねばなりません。

　残念ながら毎年たくさんの人が、自分で自分の命を絶っています。あなたは、絶対そんなことをしてはいけません。あなたにとっても、あなたを愛するまわりの人びとにとっても、悲しすぎることだからです。でも、そう言われても、つらいときは逃げ出したくなります。そんなときこそ「生きる意志」を心の底からわき上がらせてください。まくらをぬらした涙(なみだ)が思い出に変わる日は、かならずやってきます。

生きる意志をふくらませるヒント

❶物語を読む

生きる苦しみとよろこび、友情や命のすばらしさなど、生きることについて深く考えさせられる物語があります。物語を読めば、登場人物に自分を重ね、自分とはちがう人生を歩むことができます。いろいろな人生を生き、自分だけの「人生の意味」を見つけましょう。

❷命にふれる

生まれたての赤ちゃんを見ると、命のすばらしさを実感することができます。反対に、身近な人を亡くすと、悲しみとともに命のはかなさを感じます。そうしたおごそかな体験をすることは、命について深く考え、生きる意志がふくらむきっかけとなります。

ワーク　あなたの「生きる意志」を1点上げる方法を考えよう

大人の方へ　生きる意志は、他人からもてと言われてもてるものではありません。さまざまな経験や出会いを経て、自然と育っていくものです。生きる意志がもてない子どもがいる場合は、その子の話をしっかりと聞き、その子がつらいと思っていることをそのまま受け止めてあげてください。きちんと話を聞いてもらえる人を前にして、はじめてかけがえのない自分に気づくことができるのです。

ミニワーク

ついてないときの気分アップおみくじ

❶下のおみくじをコピーし、厚紙にのりではって、切りはなしましょう。
❷牛乳パックなどの箱の上面に、おみくじが出る穴をあけます。
❸箱におみくじを入れてできあがり。
❹箱をよくふっておみくじを1本引きましょう。書いてあることを実行したら、運がもどってきます。ホントですよ！
（自分にそう言い聞かせると、うまくいきます）

- 深呼吸、ゆっくり10回。
- ラジオ体操から、5つ選んで体を動かす。
- 「おはよう」とあいさつする。
- だれかに笑顔で、5つあるものを見つけよう。
- ラッキーナンバーは、5。
- ラッキーアイテムは、月。昼でも見えるときがあるよ。
- ラッキーアイテムは、虫。こん虫を見つけよう。
- ラッキーカラーは、緑。緑のものを見つけよう。

- 連らく帳をいつもよりきれいに書く。
- 1年生の子にやさしく声をかけてあげる。
- かがみを見て泣いた顔と笑った顔をする。
- きき手と反対の手でドアをあける。
- 机のなかをせいとんする。
- 図書室に行って本を読む。
- ごみを1つ拾ってごみばこに捨てる。

第2部
実践編
レジリエンスを育てるワーク

18 自分のことを知ってもらおう

元気な心　自己認識・自尊感情

　「もっと自分のことを好きになって」「自分のことを大切にしなさい」などと言われますが、頭で思おうとしても、なかなかそう思えるものではありません。
　人からほめられると、自信がわきます。人からけなされると、自分はだめだと感じます。人が話をきちんと聞いてくれると、自分は大事な人間だと感じられます。話を聞いてもらえなければ、自分の意見がそれでいいのかどうかわからなくなってしまいます。このように、人との関わり方で、自分を好きになったりきらいになったりすることが多いのです。
　そこで、友だちと自己紹介をし合い、自分の話をみんなが聞いてくれる体験をしてみましょう。

ワークの準備

①各自、白い紙と鉛筆を用意します。
②2〜5人のグループをつくって机を寄せ合います。
③ジャンケンで、はじめの「親」を決めます。

ワーク　自己紹介ゲーム

❶ 紙のまん中に、自分の顔と名前を書きます。まわりに、紹介を書く部分をあけておきます。
❷ 親がお題（質問）を1つ出します。

・趣味はなんですか？
・好きな食べ物はなんですか？
・きょうだいは何人いますか？
・おすすめの本を教えてください。

❸ 親からの質問の答えをそれぞれ紙に書きます。全員が書けたら、親のとなりの人から順に発表します。
❹ 発表が終わったら、となりの人に親を交代します。親がひと回りするまでつづけます。
ほかのグループが終わっていなかったら、2周目に入ります。

やくそく
・発表している人の顔を見て、話をしっかり聞きましょう。
・できるだけがんばって答えましょう。
・親以外は、どうしても言いにくいことがあるときには「ひみつ」と答えます。

● ふりかえり

・人の話を聞けたか

とても　　まあまあ　　ふつう　　あまり　　ぜんぜん

・みんなに聞いてもらってどんな気持ちだったか

大人の方へ　全員が一度は親になるように時間配分を考えます。人の話を聞くことがいちばんの目的であることを、ワークの最初にしっかりと指導します。

19 うれしい言葉を見つけよう

元気な心　思いやりのある会話

　友だちにかけてもらった言葉でうれしい気持ちになったことはありませんか。ひと言で人を元気づけることができます。言葉ってすごいですね。
　うれしい言葉は、聞いても言ってもうれしい気持ちになります。
　傷つく言葉は、聞いても言っても傷つきます。
　うれしい言葉をおくると、相手からもうれしい言葉が返ってきます。
　うれしい言葉がたくさん飛び交う、あたたかい教室やチームや家庭をつくりましょう。

ワークの準備

①カードを人数分用意します。
②友だちからもらったうれしい言葉を思い出して書き出しましょう。

ワーク　うれしい言葉を見つけよう

❶ うれしい言葉を１つ選んでカードに書きましょう。

___

___

❷ ６人ぐらいのグループにわかれて、親を決めます。

❸ 親は、みんなのカードをうらがえしに集めて、シャッフルします。

❹ カードのいちばん上をめくります。出てきた言葉を書いた人が、説明します。どんなときに、だれから言われた言葉でしょうか。どんなふうにうれしかったでしょうか。

❺ ❹をくりかえして、全員発表します。

● ふりかえり

・友だちが紹介してくれた言葉で、いいなと思った言葉を書き出そう

___

___

・わかりやすく発表できたか

とても　まあまあ　ふつう　あまり　ぜんぜん

・友だちの発表をしっかり聞けたか

とても　まあまあ　ふつう　あまり　ぜんぜん

大人の方へ　グループ活動の後、全体で話し合いをしてもよいでしょう。その場合、自分の発表をくりかえすのではなく、よかったと感じたほかの人の発表を全体に紹介させます。

20 いろいろな人と話そう

元気な心　　人間関係の広がり

　同じクラスになっても、特定の子以外とはあまり話をしない人がいます。
　気の合わない子、なんとなく話しづらい子がいるのは仕方がありません。でも、気の合わない子は、じつは自分にないよいところをもっていることが多いのです。また、話しづらい子と思い切って話してみたら、意外に気が合ったということはよくあります。
　70億人以上がくらす世界で、同じ学校、同じクラスのなかまになるというのは、奇跡のような出会いです。せっかくそんな縁で結ばれたのですから、いろいろな人と気軽にたくさん話しましょう。

ワークの準備

・すばやく2人組（ペア）をつくります。
　＊短時間ですぐにできるペアのつくり方の例（30人の場合）
　15種類のキャラクターを書いたカードを2枚ずつ用意し、うらがえして配る。同じキャラクター同士でペアになる。キャラクターのほかに、数字や国名などを書いておくと、一度の配布で複数回分のペアをつくることができる。

ワーク　みんなと話そう

❶ ジャンケンで話す順番を決めます。
❷ 話すテーマを決めます。

・きのうはどんなできごとがあった？
・この前の休日は何をしていた？
・趣味や習い事の話
・尊敬する人とその理由は？
・読んだ本のあらすじは？

❸ 1分間、何を話すか考えます。
❹ 順番に1分間話します。相手は、しっかり聞きます。
❺ お互いにお礼を言ってわかれます。
❻ ちがうペアをつくって❶〜❺をつづけます。

やくそく

■ 話をするとき
・他人の秘密や、相手の気分を害するような話をしてはいけません。
・話が1分をこえてしまったら、途中でも話をまとめて終わります。
・時間があまったら、あせらず「話はこれだけです」と終わります。

■ 話を聞くとき
・自分の話をしてはいけません。
・話をよく聞き、簡単なあいづちを打ちます。
・話が終わるまで質問するのは待ちます。
・時間があまったら、簡単な質問をします。

●ふりかえり

・1分間で落ち着いて話せたか

・相手の気持ちになってしっかり聞けたか

大人の方へ　慣れてきたら、話す時間を2分や3分にしてもよいでしょう。ペアを組むときに、いかにもいやそうな態度をするのは絶対だめだということを十分に指導します。まごころをもって相手に接する勉強でもあります。

●第2部　実践編　レジリエンスを育てるワーク

21 友だちほめて自分もうれしい

元気な心 | 自尊感情

　自然な気持ちで友だちをほめたら、とてもよろこんでくれたことはありませんか。そんなときは、自分もうれしくなります。

　ほめることは、簡単なようでなかなかむずかしいことです。「えらいね」「やさしいね」などと、ばくぜんとほめても、相手はさほどうれしくは感じません。お世辞を言えば、逆に本心を疑われてしまいます。

　相手のことをよく見て、がんばっていること、すごいと感じたことをそのまま言葉にしましょう。本気でほめようとすれば、どうしても相手のことをよく知る必要があります。そうすることで、人を見る力がつくだけでなく、その人との友情がめばえます。人をほめると、自分もほめてもらえることが多くなります。ほめられればとてもうれしく感じ、さらにやる気がわいてきます。

ワークの準備

・くじびきなどで自分がほめる人を４人決めます。だれになったかは、ぜったいに秘密です。あなたをほめてくれる人も４人いるはずです。

ワーク　ほめ上手大会

❶ 1週間、ほめる友だちを観察します。
❷ 観察期間が終わったら作文にまとめます。
❸ ほめてもらう人がまん中に座り、ほめる4人がその後ろに立って作文を読み上げます。
❹ 読み終えたらみんなで拍手をします。ほめてもらった人はお礼を言います。
❺ 全員終わったら、だれがいちばんほめ上手だったか投票をします。

やくそく
・1週間、その人がすることをよく見ていて、ほめることがあれば覚えておいて後でメモします。
・くれぐれも相手に気づかれないようにします。
・後ろをついて歩いたりしてはいけません。
・自分をほめてくれる人がだれかさぐったり、ほめてもらえるように、日ごろしないことをしたりしたくなるのをこらえ、観察期間中は、ふだん通りに生活します。

●ふりかえり

・友だちを観察してすごいと思ったことは

_____

・ほめてもらってうれしかったことは

_____

大人の方へ　ほめ上手大会の時間が十分にとれないときは、ほめ合いをするグループをつくって、各グループ同時にほめ合いをはじめるという方法もあります。ほめ上手を、自分をほめてくれた人からだけ選ぶと、ほめた人は優劣をつけられたと感じてしまいますので、全員のなかから投票で決めるようにします。

22 短所を長所に

元気な心　　　　自尊感情

　あなたは自分のことが好きですか。好きではないという人は、自分のことを冷静に謙虚（けんきょ）に見ているのでしょう。でも、自分にも好きになれる部分が少しでもあると気づけば、堂々とした気持ちで生活することができます。

　長所があまり見つからなかった人も、心配いりません。人の短所は長所のうらがえしであることが多いのです。たとえば、「おくびょう」は「注意深い」と、「あわてんぼう」は「決断が早い」と言いかえることができます。

ワークの準備

①短所を長所に言いかえる練習をしましょう。

短　所	長所に変身！
わがまま（人のことを考えずに行動する） →	
のろま（行動がおそい） →	

②くじ引きで友だちとペアになります。

ワーク　短所が長所に変身！

❶ 自分の短所を、下の左のらんに書きましょう。

私の短所		長所に変身！
	➡	
	➡	
	➡	

❷ ペアになった友だちとシートを交換して、お互い、相手の短所を長所に書きかえましょう。
❸ ペアを変えて、3回おこないます。

- 友だちが書いた短所とうらがえしの長所を考えましょう。
- うらがえしの長所を考えるのがむずかしいときは、ほかの友だちや大人に相談しましょう。
- 書いてもらったら友だちにお礼を言いましょう。

●ふりかえり

・活動の感想を書こう

_____
_____
_____
_____
_____

大人の方へ　自分ひとりでも短所を長所に書きかえることはできますが、友だちに書きかえてもらうとよろこびが大きくなります。また、いままでよりその友だちとなかよくなることができます。

●第2部　実践編　レジリエンスを育てるワーク

23 成功体験を生かそう

元気な心　よい習慣の継続

　これまでの人生をふりかえれば、成功したことやうまくいったことが、だれにでもあるでしょう。成功体験のなかには、これからの生活に生かせるヒントがかならずあります。それが見つかれば、よい習慣をつづけることができるのです。
　成功者のあなたがヒーローになって質問に答えると、成功した理由についてあなた自身が言葉にしてしっかりと理解することができます。そして、それを今後も生かそうとする気持ちが生まれます。

ワークの準備

①5人程度のグループにわかれます。
②いままでに成功したことを1つ思い出して書きましょう。
（例）
- 早寝・早起きができるようになった。
- 野球の試合でヒットを打った。
- 忘れ物をしなくなった。
- 習字で入選した。
- 宿題をすぐするようになった。
- 社会のテストで95点を取った。
- いままであまり友だちと話せなかったけれど、話すようになった。
- 毎日忘れずに、家のごみを出すようになった。

ワーク　あなたにヒーローインタビュー

❶ 1人ずつ順番にヒーローインタビューを受け、成功体験を話します。遠慮せずに、堂々とじまんしましょう。

❷ 残りのメンバーが記者となって、1人1問ずつヒーローにインタビューします。

質問してみたいこと
・
・
・
・
・
・

成功のひけつはなんですか。
どんなことをがんばりましたか。

やくそく
・聞きたいことをしっかりつっこみましょう。成功した理由だからつっこまれてもうれしいのです。
・ヒーローの話は顔を見てしっかり聞きましょう。
・ヒーローの話には自然なあいづちを打ちましょう。
・ヒーローの話が終わったら、拍手をしましょう。

●ふりかえり

・インタビューを受けて、どう感じたか

_____
_____
_____

大人の方へ　これは「成功の責任追及」という手法を取り入れたワークです。失敗の責任を追及されるのはつらいことですが、成功の原因をいろいろと聞かれるのはうれしいものです。本人も気づかない成功のひけつを言語化できるように援助しましょう。

24 体に「ありがとう」

元気な心　　体への感謝

親指ありがとう

ヨシフミさんは、ガンで入院することになりました。ヨシフミさんは、ガンを治すために、手術や放射線の治療を受けました。そのうち、髪の毛がすっかり抜けてしまいました。手や足の力も入らなくなっていきました。

幸いにも治療は成功し、体に力が少しずつもどりはじめたとき、ヨシフミさんは看護師さんから「動くようになった手や足を順にほめてあげてください」と言われました。

ヨシフミさんは、右手の親指に「親指ありがとう」と言ってみました。そうして、これまでずっと自分を助けてきてくれた親指を左の手のひらでそっとくるみました。自然と涙が出てきました。

　ふだん何も考えずに動かしている自分の体。でも、ちょっとけがをしたり痛めたりするだけで、体を思い通りに動かせなくなることがあります。手や足を自分の思い通りに動かせるというのはとても不思議ですごいことです。

　体のいろいろな部分に気持ちを集中させ、「ありがとう」と言ってみましょう。新しい血液が体のすみずみにいきわたり、体も心も生き生きしてくるような気がするでしょう。

ワーク 体に「ありがとう」

❶体のそれぞれの部分がどんな役割をしているか書き出しましょう。

体の部分	役　割
（例）親指	ほかの指と向かい合わせになって、鉛筆などをつかんでくれる
足のうら	いつも体全部の下じきになってくれる
おしり	トイレできちんと便を出してくれる

❷表に書き出したことを思い浮かべ、左手で右手の親指をなでながら「親指ありがとう」と言ってみましょう。

・同じように、人さし指、中指、薬指、小指、また、右手の指にも親指から順に「ありがとう」を言いましょう。
・手のひらや、腕、足、ふともも、お腹、頭、目や耳などにも「ありがとう」を言いましょう。

●ふりかえり

・自分の体に「ありがとう」と言ったとき、どんなことを感じたか

_____

_____

_____

大人の方へ　体の各部分の役割を発表させると「○○はそんなことに役立っていたのか」という気づきが生まれます。科学的な知識の伝達にとどまらず、けがや病気をしたときの経験などを話し合えば学習が深まります。

●第２部　実践編　レジリエンスを育てるワーク

25 川柳つくって気持ちはればれ

元気な心 **ユーモア**

学校が終われば塾がはじまるよ

妹が泣いたらぼくがしかられる

ママとパパたまにはけんかやめてよね

宿題をしたのに家に置き忘れ

　川柳は、五七五の音で表す、短くリズミカルな詩です。短いので、かんたんにつくることができます。
　いろいろななやみや苦しいことがあるでしょう。それを、川柳にしてみましょう。そうしたなやみや苦しみが少しやわらぐかもしれません。また、川柳をつくることで、自分のことやできごとについて、冷静に考えることができます。

ワーク　子どももつらいよ川柳

❶日ごろの生活でおもしろかったこと、つらかったこと、感動したことなど、強く印象に残った体験を短い文でまとめましょう。

（例）夏休みの宿題が多すぎて、いやだなあ

-
-
-

❷五七五の川柳にしましょう。

（例）夏休み宿題ぜめで休めない

-
-
-

やくそく
- うれしい、楽しい、苦しいなど、気持ちを表す言葉をできるだけ使わず、できごとをわかりやすく伝えましょう。生き生きとした作品になります。
- 五七五の音の数にできるだけ合わせましょう。音の数に合ったちがう言葉をさがすと、よりよい言葉が見つかることがあります。
- できた句を見直しましょう。もっと自分の気持ちに合った言葉はないか考えましょう。

●ふりかえり

・気持ちに合う川柳をつくれたか

大人の方へ　上手な句をつくることより、できごとを客観的に見直したり、苦しさを乗り越えていく気持ちをふくらませたりするのがねらいです。できた川柳を友だちと見せ合ったり、発表会を開いたりしましょう。友だちの作品を鑑賞することで、「あるある」と共感できるでしょう。

26 やればできる！自信をもとう

元気な心　　　自信

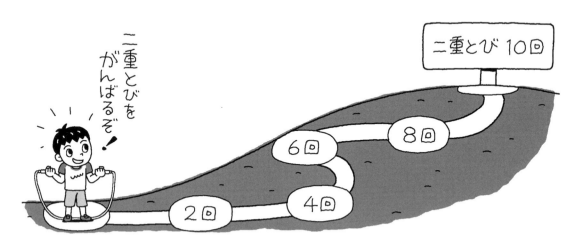

　やってもできずにあきらめた経験を何度もすると、「どうせ自分にはできない」という気持ちが強くなります。そうすると、かんたんなこともはじめから「できない」と思いこんでしまいます。
　少しがんばればできそうな目標を立ててみましょう。高すぎる目標は、失敗して「やっぱりできなかった」という経験になりますし、低すぎる目標は、できたときのよろこびが小さくなってしまいます。目標はわくわくするようなものがよいでしょう。また、達成できたかどうかわかるように、目標には数字を入れましょう。

ワークの準備

・2週間で少しがんばればできそうな目標を立てましょう。わくわくする目標、数字が入っている目標を立てることがポイントです。

（例）二重とびが10回できるようになる。

ワーク　やればできる！　大作戦

❶目標を友だちやお家の人などに話して、メッセージを書いてもらいましょう。目標を人に宣言すると、がんばらなければならないという気持ちになります。

名　前	応援メッセージ
（お家の人）	
（先生）	

❷毎日かならず記録をとりましょう。少しずつ目標達成に向かっていることがわかり、さらにやる気が出ます。

月／日	曜日	ここまでできた（できたことや練習内容、困っていること）
（例）6／3	火	30分練習。二重とび、4回できた。

❸友だちや先生に報告して、メッセージをもらいましょう。残念ながら達成できなかったときは「もうひといきメッセージ」などと名前を変えて、メッセージをもらいましょう。

名　前	応援メッセージ
（お家の人）	
（先生）	

●ふりかえり

・2週間のチャレンジを終えて

大人の方へ　できれば子どもの記録に毎日目を通し、はげまします。目標を達成できなかった子どもに対しては、努力したことや少しでも進歩したことを、子ども自身が認識できるようにすることが大切です。チャレンジの途中で「中間報告会」を開くと、子どものやる気がつづきます。

27 はたらいて身につける生きる力

元気な心 　生活習慣・体験

　お手伝いはちょっとだけするとおもしろいし、ほめてももらえます。でも、それでは家の役に立ったとは言えません。お手伝いをしても、当たり前のように思われてほめてもらえないようになったとき、はじめて家の役に立ったと言えるのです。つまり、そのとき「お手伝い」が「はたらく」ことへ進歩したのです。

　この苦しい時期を乗り切ると心はぐっと強くなります。また、その仕事が一日の生活習慣に組みこまれて、そんなに苦痛ではなくなります。さらに、手先が器用になり、工夫する力や忍耐力もつきます。

　あなたも、家の役に立つように、毎日「はたらいて」みましょう。「毎日はたらく！　大作戦」のスタートです。

ワークの準備

・3週間、毎日する仕事を決めます。いろいろなことを気まぐれでするより、何か1つの仕事をしたほうが、お家の人は助かります。お家の人と相談して、仕事を決めましょう。

私はきょうから3週間

をします。

ワーク　毎日はたらく！　大作戦

❶お家の人に「たのんだぞ！　メッセージ」を書いてもらいましょう。

_____
_____

❷毎日かならず記録しましょう。記録することがこの作戦の中心です。お手伝いができなかったときも、そのことをきちんと書くことで、つぎの日へのやる気が出ます。

第1週／第2週／第3週

月／日	曜日	得点	仕事のようすや気持ち
今週の得点		今週のふりかえり	

総得点➡　□点

【得点】
5点：言われる前にした　　　4点：言われてすぐにした
3点：言われてしばらくしてした　　1点：しなかった（記録だけ書いた）

❸3週間のお手伝いが終わったら、お家の人から「ごくろうさまメッセージ」を書いてもらいましょう。

_____
_____

●ふりかえり

・お手伝いをふりかえって、これからの決意を書こう

_____
_____

大人の方へ　記録表を週に一度以上提出させ、子どもをはげまします。2週目ぐらいになると、中だるみになるので、そこを乗り切るようにしたいものです。全体で報告会をしたり、「はげましメッセージ」を書かせたりすると、子どものやる気が持続します。

28 「なんとかなるさ」で乗り切ろう

しなやかな心　　　楽観性

　「なんとかなるさ」は魔法の言葉です。そう口にするだけで、なんとかなりそうな気になります。心配事がたくさんあるとき、不安でたまらないときは、「なんとかなるさ」と口に出してみれば、楽になれます。
　ただし、することをしないで「なんとかなるさ」と思ってもだめです。「なんとかなるさ」はさぼるための口実ではありません。
　不安をへらすいちばんの方法は、いまするべきことをきちんとしておくことです。がんばっても失敗することはありますが、後悔はしないですみます。するべきことをしておけば、不思議と気持ちが楽になるものです。「人事を尽くして天命を待つ」ことが大切です。

ワークの準備

・いま不安に思っていることを書きましょう。

ワーク 「なんとかなるさ」と思えるワーク

❶ 不安の原因を整理しましょう。

あなた

・あと1週間しかない
・半分までしかできていない

❷ できることを考えよう。

あなた

・1日の練習時間は2時間 あと6回できる
・ひけないところは5つにわけて、1日1つずつ練習。6日目は仕上げ

❸ きっとうまくいくと思えるおまじないを考えましょう。

（ミサキさんのおまじない）
なんとかなるさ、なんとかなるさ／自分の力を信じよう／私のピアノは世界一

・
・
・
・

❹ おまじないをとなえながら実践しましょう。日記を書くとさらによいでしょう。

大人の方へ 楽観性はレジリエンスを高めます。しかし、何もしないで「なんとかなるさ」と考えてみても、不安はなくなりませんし、実際に失敗してしまう可能性も高まります。できることをしてから、「あとはなんとかなる」と考えるのが、バランスのとれた楽観性といえます。

●第2部 実践編 レジリエンスを育てるワーク

29 「めさえご」前に進もう

しなやかな心　　　未来志向

　「めさえご」は岩手の方言で、「前さ行ご」、つまり「前にいこう（進もう）」という意味です。2011年3月11日に発生した東日本大震災では、多くの人が家を流され、親しい人を亡くし、どん底に突き落とされました。それでも、被災した人びとは「めさえご」の気持ちをもって、一歩ずつ復興に向かって進んでいます。

　困ったことが起きたとき、私たちは「なんで、こんなことが起きたのだろう」「あのとき、こうなっていたらなあ」と過ぎたことばかりを考えてしまい、気持ちがつい後ろ向きになってしまいます。すると、いやな気持ちばかりがふくらんでしまいます。

　そんなときは、「めさえご」と自分に声をかけてみましょう。そして、後ろ向きの気持ちと前向きの気持ちについて整理して考えるようにしましょう。

ワークの準備

・前に進めなくて困っていることを書きましょう。

ワーク　前に進もう

❶ ワークの準備で書いた「困っていること」について「後ろ向きの考え」と「前向きの考え」を書きましょう。

（ユウコさんの例）	考え	結果
後ろ向きの考え	●ジャンケンで負けたからいや。 ●人前で話すのが苦手だから、イベントの司会なんかできないよ。	●いやいややるからうまくいかない。 ●イベントが近づくたびにいやな気持ちになる。
前向きの考え	●なんでも経験だからやってみるか。 ●前のイベント係に教えてもらおう。 ●人前で話すのが苦手だけど、イベント係になったら、話せるようになるかもしれないな。	●イベントのやり方がわかる。 ●前の係の人となかよしになれる。 ●人前で話すのが苦手でなくなる。

あなた	考え	結果
後ろ向きの考え		
前向きの考え		

❷ 前向きの考えをわかりやすい言葉（スローガン）にまとめて紙に書き、目立つところにはり出しましょう。

（ユウコさんが書いたスローガン）苦手を克服。みんなを楽しませるぞ！　めざせご！

大人の方へ　無理に前向きに考えさせようとしてもなかなかできません。まずは、「前向きの考え」「後ろ向きの考え」という枠組みで自分の気持ちを客観視させます。そして、その結果を想像させてから、自分のできることを選ばせるようにしましょう。

30 見方を変えて元気になろう

しなやかな心　　　見方を変える

　同じ困ったできごとが起きても、人によって強いストレスを感じる人と、そうでない人がいます。それは、感じ方や見方が人によってちがうからです。

　強いストレスを感じるときは、見方を少し変えると、ストレスをへらすことができます。

　一枚の紙に表とうらがあるように、ものごとにも表とうらがあります。悪いことのなかにも、よいことが少しはかくれているものです。

ワークの準備

・前向きな気持ちになれる見方の練習をしましょう。

| 夏休みがあと10日しかない！宿題、もう間に合わないよ！ | → | 夏休みはあと10日もある。少しずつ宿題をやろう。 |

ワーク　見方を変える練習

❶ つぎのできごとについて、前向きな気持ちになれるように見方を変えてみましょう。

自転車で飛び出し、車にひかれて足の骨を折ってしまった。

➡

席替えしたら、気の合わないショウコちゃんのとなりになってしまった。

➡

サッカーの試合で、ライバルチームに8対0で、大負けしてしまった。

➡

❷ あなたがストレスを感じたできごとに対して、前向きになれるように見方を変えてみましょう。

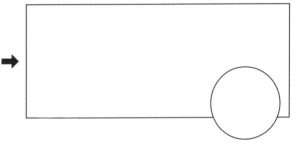

➡

大人の方へ　「夏休みがまだ10日もある」と思って、逆にのんびり遊んでしまう子どももいます。そうすると後で「もう3日しかない」ともっと大きなストレスを感じることになります。見方を変えるというのは、弱った気持ちを立て直すときにこそ有効な手だてです。

31 変化に慣れよう

しなやかな心　　　柔軟性

　あなたは、「変化」に強いほうですか、弱いほうですか。計画通りに進んでいれば安心して活動できますが、ときには、いろいろな事情によって予定が変更されることもあります。そんなときは、不安を感じたり、腹が立ったりします。とくに楽しみにしていた行事が中止になれば、とても残念に感じるでしょう。

　予定を立てて行動することや、約束を守ることはとても大切です。それでも、予定は変わることがあります。そんなとき、パニックにならずに柔軟に対応することも大事な心の力です。

ワークの準備

・予定変更で残念がっている自分を想像してください。そして、あなたが自分の「心の先生」になって、自分自身にアドバイスする練習をしましょう。

ワーク 自分自身の「心の先生」になる

❶つぎの場面で、あなたが「心の先生」になって自分にアドバイスしましょう。

雨が降って
遠足がのびた。
くやしくて
たまらない！

先生が急病で
休んだ。
国語が音楽に
変わっちゃった。
どうしよう……

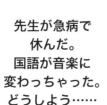   

アキコちゃんと
2人で遊べると
思ってたら、
ほかの子が6人も
来た。どうして？

❷これまでにあなたが困った場面、怒りを感じた場面などをあげ、自分自身にアドバイスしましょう。

大人の方へ 変化にとくに弱い子どもがいます。1日の予定が目に見えるようにして、できるだけ変更がないようにします。しかし、このワークのような練習を通して、少しでも変化に対応できる柔軟性も同時に育てる必要があります。

●第2部　実践編　レジリエンスを育てるワーク

32 白と黒のあいだを見つけよう

| しなやかな心 | あいまい受容 |

　親友だと思っていた子に一度だけ約束を破られて、その子のすべてが信頼できなくなってしまったことはありませんか。「大好きですばらしい人」が「大きらいでいじわるな人」に180度変わってしまうのです。

　白が100％よい人間で、黒が100％悪い人間だとしましょう。あなたは、白ですか、黒ですか。どちらでもない、その中間という答えがいちばんぴったりとくるのではないでしょうか。

　同じように、友だちにもいいところと悪いところがあるのです。それをゆるし合えたら、友だちを100％悪い「敵」と100％よい「味方」にわけることもなく、もっと安心して過ごすことができるでしょう。

ワークの準備

・対立する2つの考え方の、中間の考え方を見つける練習をしましょう。

学校は絶対
つまらないところ。

←――――――→

学校は絶対
楽しいところ。

【中間の考え】
・学校で遊ぶのは楽しいけれど、勉強が大変。
・学校の勉強はおもしろいけれど、人間関係でくたびれる。

ワーク　白と黒の中間を見つけよう

●つぎの対立する2つの考え方の、中間の考え方を見つけましょう。

| ゲームは、目にも頭にもよくないので、絶対にしてはいけない。 | ←　【中間の考え】　→ | ゲームは楽しいので、好きなだけしたらよい。 |

| 勉強は将来のため必要なことだから、寝る間もおしんでしなければならない。 | ←　【中間の考え】　→ | 勉強はめんどうくさいから、するのはいやだ。 |

| ショウジくんは、勉強も運動もできてリーダーシップがあって完璧な人だ。 | ←　【中間の考え】　→ | ショウジくんは、自分勝手で人に命令ばかりするいやな人だ。 |

大人の方へ　中間の考えがいつも正しいとは限りません。「命の大切さ」「いじめはいけない」「戦争はいけない」など、絶対に曲げてはいけないことはたくさんあります。この項目の目的は正しい考えを選ぶというより、考え方の柔軟性を養うことにあります。

●第2部　実践編　レジリエンスを育てるワーク

33 「ありがとう」を見つけよう

| しなやかな心 | 感謝する力 |

　不満ばかりならべているとどんどん機嫌(きげん)が悪くなります。世の中のいやな面ばかりが目につくようになるからです。
　反対に、いろいろなことに感謝できる人は、幸せな気持ちをたくさん味わうことができます。「感謝する力」「感謝できる力」のある人は、まわりの人からも感謝されることが多くなります。

ワークの準備

・ミキさんの機嫌が悪くなったできごとから、感謝できることはないか考える練習をしましょう。

「くつ、ふんで歩いちゃだめ」としかられた。	➡	ボランティアで登校の安全を守ってくれている人が、ひとりひとりに声をかけてくださった。
マコちゃんにヒントを言われた。	➡	
給食がまずかった。	➡	

ワーク 「ありがとう」を見つけよう

● 身のまわりにあるいろいろな「ありがとう」を見つけて書きましょう。

● 「助けてくれてありがとう」

あなたが、お家の人や学校の先生、そのほか大人の人からお世話になっていること。

● 「楽しい気持ちをありがとう」

あなたが、友だちや兄弟から助けてもらったり、楽しい気持ちにしてもらったりしていること。

● 「命とくらしをありがとう」

世界のだれかがつくってくれたり、自然からもらったり、生き物の命をいただいたりしていること。

大人の方へ　それぞれが感謝できることを見つけたら、グループや全体で発表させると、子どもの視野が広がります。「感謝するべきだ」と押しつけるのではなく、感謝する気持ちをもつことによって、自分も人も幸せになれることに気づかせることが大切です。

34 自分の行動は自分で選ぼう

しなやかな心　　自分力

　2人は自分の行動を、気分まかせや他人まかせにしています。そうしていると、うまくいかなかったとき、自分でなんとかしようとする気持ちがわいてきません。自分の行動を、自分で選ぶくせをつけると、結果がうまくいかなくても納得できます。

ワークの準備

・自分で選ぶ行動にはどんなものがありますか？

（例）友だちにいやなことを言われてたたきそうになったけれど、ちゃんと口で言いかえした。

ワーク　自分で選ぼう！　大作戦

❶ 2週間、行動を自分で選ぶように心がけ、選んだ行動を毎日記録しましょう。

第1週／第2週

月／日	曜日	場面	自分で選んだ行動
（例）8／3	月	お米を洗うとき	とってもめんどうだと思ったが、洗わないと夕食のときに困ると考えたので、がんばって洗った。

やくそく
・1週間で6回以上、自分で行動を選ぶことを目標にします。

❷ 家の人や友だちから「がんばったねメッセージ」をもらいましょう。

（例）
めんどうくさい気分に負けずに責任を果たせたのがすごいです。
　　　　　　母より

❸ 自分で成長できたと思うこと、むずかしかったことなどを書きましょう。

_____
_____
_____
_____

大人の方へ　このワークの目的は、正しいことをするというよりも、自分で行動を選び、その結果に責任をもてるようになることです。記録表を1〜3日に一度提出させて、はげまします。作戦開始から1週間経過したところで、途中報告会を開くと、子どもたちのやる気がつづきます。

●第2部　実践編　レジリエンスを育てるワーク

35 ストレスを上手に発散しよう

しなやかな心　　ストレス対処技術

　腹が立ってどうにも気分が収まらないとき、何かをたたいたり、けとばしたりすると、ちょっとだけ気持ちが収まることがあります。
　でも、大事な物をこわしてしまったら大変！　けがをしてしまったらもっと大変！　ましてや、人をたたいてしまえば、自分だけの問題ではすまされなくなります。そうなるとよけいにストレスがたまります。
　かっとしたときのために、つぎの３つの約束を覚えておきましょう。
　①人を傷つけないこと
　②自分を傷つけないこと
　③大事な物をこわさないこと

ワークの準備

・これまでに試してうまくいったストレス発散の方法を書き出しましょう。友だちや大人がどんな方法でストレスを発散しているか教えてもらいましょう。

（例）大声で叫ぶ・音楽を聞く・ダンスをする

ワーク　ストレス発散大会

❶ 3つの約束に気をつけて場面ごとに自分のストレス発散方法を考えます。たとえば、腹が立ったとき、いらない段ボール箱をけって穴をあけても、けがはしません。

●腹が立ったとき

　

　

　

●悲しいとき

　

　

　

●不安なとき

　

　

　

❷ 考えたストレス発散方法を発表し合い、できそうな方法をみんなで試します。
❸ 自分に合ったストレス発散方法を書き出します。

　

　

　

大人の方へ　人によって、ストレスの感じ方はちがいます。怒りを十分にコントロールできている子どもに、無理に段ボール箱をけらせる必要はありません。子ども一人ひとりが自分に合った方法を見つけられるように助言します。

36 体をゆるめて心もリラックス

しなやかな心　ストレスマネジメント

　ストレスがたまりすぎると、体も心もかちかちにかたまってしまいます。体をリラックスさせると心も楽になります。

　毎日、毎時間、私たちは無意識に呼吸をしています。その回数は1日に2万回以上といわれています。ふだんは、肩を上げるような浅い呼吸をしていますが、お腹をふくらませて息を吸いこむ「腹式呼吸」をすると、心が落ち着いてきます。

　また、筋肉の緊張をほぐすことによって、ストレスを軽くすることができます。

　筋肉をリラックスさせるのは、意外とむずかしいものです。一度力を入れてから、すっと力を抜いてみましょう。はじめより体がやわらかくなった気がしませんか。リラックスをさせた部分に新しい血液が流れこんで、あたたかくなるような感じがしたら大成功です。

ワークの準備

・リラックスしやすい「構えの姿勢」をとりましょう。

・目を閉じる

・両手は力を抜き、横におろす

・あごを引く

・背筋をすっと伸ばす

・いすにおしり全体で座る

ワーク　リラックスの練習　〔　〕内は拍数

❶ ゆっくり呼吸

・いすに腰かけて、背中をすっと伸ばします。体の力を抜き、目を閉じます。
・残っている息を全部はき出します。
・お腹をふくらませながら、息を鼻からゆっくり吸いこみます。〔1・2・3〕
・息を止めます。〔4〕
・息を口から、ゆっくりゆっくりはき出します。お腹にたまっているいやな思い出をいっしょにはき出してしまいます。〔5・6・7・8・9・10〕
・3分ぐらいつづけます。
・目覚めのときのように、腕の曲げ伸ばしや伸びをします。

❷ 体の力を抜く

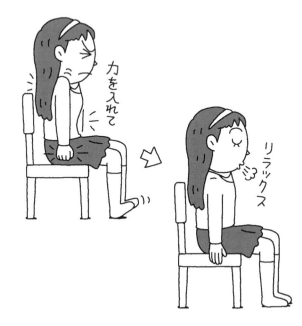

・右手のこぶしをぐっとにぎります。〔1・2・3・4・5〕
・息をはきながらすっと力を抜きます。
・そのままゆったりした感じを味わいます。
・右手→左手→右足→左足→お腹→背中→肩と順番に一カ所ずつ、力を入れてから抜きます。
・つぎに右手＋左手＋右足＋左足＋お腹＋背中＋肩というように力を入れる部位をどんどん増やしていき、最後にすっと力を抜きます。
・目覚めのときのように、両手を曲げ伸ばし、首を左右にふり、背伸びをします。

大人の方へ　活動の終わりには、かならず目覚めの動作をおこない、ふだんの意識レベルにもどすようにしましょう。力を無理に入れすぎると、筋肉などを痛めてしまうことがありますので、慣れるまでは力の入れ方を少なめにしましょう。

37 きちんと伝える・やさしく伝える

しなやかな心　　アサーション

　友だちがだれかの悪口を言ってあなたに同調を求めてくることがあります。あなたはそんなことはないと思って、相手を責めるような口調で答えてしまうと、友だちの気を悪くしてしまうかもしれません。かといって、「そうだね」と答えてしまうと、相手に賛成したことになります。悪口を言われた子がそのことを知ったら悲しむでしょう。

　そんなときは、
　①自分の言いたいことは、きちんと話しましょう。そのとき、相手の気持ちを考えて思いやりのある言葉を選びましょう。
　②相手のことを言うよりも、自分を主語にして、あなたの気持ちを伝えましょう。

ワークの準備

・つぎの3つの言い方をくらべてみましょう。

①相手を攻撃するイバッチ

②自分の考えを言えないモジモジ

③相手を攻撃しないで、自分の考えを言うニコリン

ワーク　イバッチ・モジモジ・ニコリンになって

●つぎのようなとき、イバッチ、モジモジならどう言うでしょうか。最後にニコリンになって、いちばんよい言い方を考えましょう。

大人の方へ　ロールプレイで、イバッチ、モジモジ、ニコリンのそれぞれのせりふを言い合い、お互いの気持ちをふりかえらせると、3つのちがいをよく理解できます。きついせりふを言われるとロールプレイでも傷つくことがありますので、活動が終わったら握手をするなど、仲直りの儀式をしてクールダウンさせます。

38 こんなにたくさん！気持ちを表す言葉

しなやかな心　　感情を表す言葉

人にはいろいろな感情があります。うれしい、楽しいといった快い感情だけでなく、むかつく、めんどうくさいなどのいやな感情もあります。それらの感情とうまくつき合うにはどうすればいいのでしょうか。

赤ちゃんのときは、「気持ちよい」「気持ち悪い」などの感情しかありませんが、成長するにしたがって、「うれしい」「楽しい」「悲しい」「苦しい」などの感情にわかれ、さらに成長すると、もっとこまやかな感情を表現できるようになります。

「むかつく」と思ったとき、いま自分は「悲しい」のか「腹が立っている」のか「くやしい」のか、そのときの感情をしっかりと「つかまえて」表現すると、心は成長していきます。

ワークの準備

・カードの表に自分の経験したできごとを書き、うらにそのときに感じた、いちばんぴったりする感情を書きましょう。

表	うら
友だちと遊ぶ約束をしたのに、来なかった。	腹が立つ。

ワーク　感情カードゲーム

❶ 2人～6人のグループにわかれます。
❷ 順番を決め、1人ずつカードの表を見せて、できごとを発表します。
❸ 残りの人は、1つずつそのできごとに合うと思う感情を答えます。
❹ できごとを発表した人は、カードをうらがえして正解を言います。
❺ 正解した人は2点かくとくします。正解でなくても、できごとを発表した人がその感情もいいなと思えば、その感情を答えた人に1点を与えて、うらにその感情を書き加えます。
❻ ❶～❺をくりかえして、全員発表します。

●感情を表す言葉の例

> あきらめる、あきる、あきれる、あこがれる、あせる、頭にくる、あわてる、
> あわれに思う、息苦しい、愛しい、いらいらする、うざい、後ろめたい、うるさい、
> うれしい、おじけづく、おしむ、おそろしい、おだやか、落ちこむ、落ち着く、
> がっかりする、悲しい、がまんできない、かわいそう、感激、感心、感動、
> 気持ちいい、恐怖、きらい、キレる、気をつかう、緊張する、くやしい、苦しい、
> 恋しい、興奮する、心が痛む、心細い、こわい、さびしい、幸せ、しっとする、失望、
> ショック、じれったい、しんどい、心配、好き、すごい、すっきりする、
> ストレスを感じる、せつない、絶望する、爽快、楽しい、楽しみ、ため息が出る、
> つまらない、つらい、どきどきする、とまどう、鳥肌が立つ、なげかわしい、
> 泣けてくる、和む、情けない、なつかしい、苦々しい、にくむ、にくらしい、
> ハッピー、はずかしい、腹が立つ、びくびくする、びっくりする、不安、不機嫌、
> 不愉快、満足、みじめ、むかつく、むなしい、めんどうくさい、やる気が出ない、
> ゆううつ、わくわくする

大人の方へ　子どもたちが書いた感情カードや上記の＜感情を表す言葉の例＞を使って、「感情ビンゴ」や「感情ジェスチャーゲーム」などのゲームをすることができます。また、できごとから感情を考えるだけでなく、カードの裏面に書いた感情からどんなときにそのような感情になるのかを考えさせてもよいでしょう。

39 サポーターを見つけよう ①家族

| しなやかな心 | 豊かな人間関係 |

　あなたのまわりには、あなたを支え、守り、助けてくれる「サポーター」がたくさんいます。そのことに気づけば、不安でさびしい気持ちがやわらぎます。心が強くなって、勇気がわいてきます。

　とくに、毎日の食事をつくってくれ、お世話をしたり、しかってくれたりする人。はたらいて生活のための収入を得ている人。けんかもするけど、たくさん遊ぶ兄弟姉妹。家族こそ、あなたのもっとも身近でもっとも心強いサポーターです。

　しかし、思春期になると、家族、とくに自分の親のことをうとましく感じることもあります。それは、あなたが大人へ成長しようとしているあかしです。そんなときこそ、家族のことを落ち着いてふりかえってみましょう。

ワークの準備

・家族にはいろいろなかたちがあります。どんな家族があるか考えてみましょう。

- ●お父さんやお母さんがいない家
- ●兄弟姉妹がたくさんいる人や一人っ子
- ●自分を生んでくれた親とちがう親に育てられている人
- ●家ではなくて、施設でくらしている人
- ●
- ●
- ●

●サポーターマップの例

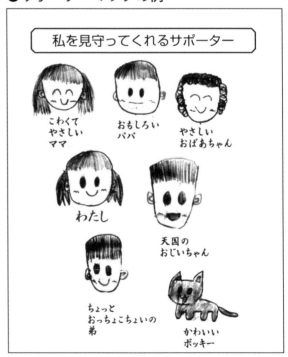

ワーク　サポーターマップをつくる①家族

❶マップのまん中に自分の顔と名前を書きます。

❷まわりに家族やいっしょにくらしている人の顔と呼び名、どんな家族かを書きます（86ページ参照）。

大人の方へ　反抗期の子どもや、家族についてなやみがある子どもから、なやみを打ち明けられることもあります。そんなときこそ、話をよく聞いてやりましょう。

40 サポーターを見つけよう ② 身のまわりの大人

| しなやかな心 | 豊かな人間関係 |

　あなたの身のまわりにいる大人もあなたの強力なサポーターです。子どもの力だけでは解決できそうにない心配事は、大人に相談しましょう。

　学校の先生は、家族以外で、あなたのいちばん身近にいる大人です。勉強を教えてくれたり、いろいろな学習体験をさせてくれたりします。あなたがよりよく生きられるように、ときにはしかってくれます。あなたが困っていれば、相談に乗ってくれます。

　そのほかにも、塾や習い事の先生、運動クラブのコーチ、親せきのおじさん、おばさんなど、あなたを助けてくれる人はたくさんいます。家族以外の大人は、家族とはちがう立場であなたをサポートしてくれます。たくさんの大人から学ぶことで、あなたの世界はどんどん広がっていきます。

ワークの準備

・身のまわりにどんな大人のサポーターがいるか、話し合ってみましょう。

学校では
クラスの担任、教科の担当の先生、養護の先生、スクールカウンセラー、校長先生、音楽の先生、ほかの学級の担任など。

学校以外では
親せきのおじさん、おばさん、近所の人、登校サポーターの人、塾の先生、習い事の先生、スポーツクラブのかんとくやコーチ、図書館の人など

ワーク　サポーターマップをつくる②身のまわりの大人

❶まん中に自分の顔と名前を書きます。
❷まわりに自分を支えてくれる大人の顔と呼び名、どんな大人かを書きます。

大人の方へ　とくに思春期になると、子どもは学校の先生やまわりの大人をきらうことも多くなります。しかし、そうした好ききらいは別にして、自分を支えてくれている大人がたくさんいることに子どもが気づけるように助言します。

41 サポーターを見つけよう ③友だち

| しなやかな心 | 豊かな人間関係 |

　ときにはけんかもしますが、たくさん遊んで、たくさん話して、大人に言えないなやみも打ち明けられるのが友だちです。小学校の友だちと一生つき合うこともあります。友だちは一生の宝。あなたのまわりにもたくさんいるはずです。

　ところで、「なかよし」と「なかま」は似ているようですが、少しちがいます。

　「なかよし」とは、いつもいっしょにいて楽しい友だちのことです。一方、「なかま」とは、同じ目的をもった集団です。同じクラス、委員会、クラブ、スポーツチームなどの子は「なかま」です。気の合わない子がいても、そこに集った人はみんななかまです。なかよしの子だけでなく、いろいろな子と出会うことで、成長し、人生が豊かになっていきます。

ワークの準備

・どんな友だち（なかよしやなかま）がいるか話し合いましょう。

遊び友だち	いっしょにいても気をつかわない遊び友だち。毎日が楽しい。
チームのなかま	野球やサッカーなど、同じチームで練習したり試合したりするなかま。
近所の友だち	お兄さん、お姉さんから助けられたり、小さな子のお世話をしたり、年齢関係なくなかよくなれるのが、近所や地域の友だちのよいところ。
ライバル	勉強や、習い事、スポーツで自分と同じか、少し先を進んでいる人。ライバルに負けるととてもくやしい。もっとがんばろうという気にさせてくれる。
親友	深いなやみも打ち明けられるのが親友。
いとこ	親せきで同じぐらいの年の子とはなかよしになれる。

ワーク　サポーターマップをつくる③友だち

❶まん中に自分の顔と名前を書きます。友だちの名前は、イニシャルにしましょう。
❷まわりに友だちやなかま、ライバルなどの顔と呼び名、どんなことをしてくれるかなどを書きます。

大人の方へ　書いたことがほかの子に見られるとトラブルになる場合があります。①友だちの書いたワークシートを見ないこと、②友だちが書いたワークシートの内容について、聞き出したり批判したりしないことを事前に指導します。

42 サポーターを見つけよう ④私を支えてくれる人びと

しなやかな心 | 豊かな人間関係

　家族、先生、友だちのほかにも、サポーターはたくさんいます。いろいろなサポーターの人が、全部登場するサポーターマップをつくりましょう。
　たくさんのサポーターを見つけられたならば、それはとてもよいことです。でも、サポーターの数の多さを友だちとくらべても意味がありません。人はそれぞれ、くらしている環境がちがうし、感じ方もちがうからです。
　あなたが書いたサポーターマップは、いまのあなたを支えてくれるいちばん大切な「お守り」として、大事にしまっておきましょう。

ワークの準備

・家族、先生、友だちのほかに、どんなサポーターがいるか話し合いましょう。

ヒーロー	スポーツ選手やアイドル、マンガやアニメの登場人物から元気をもらうことがあります。
亡くなった人	亡くなった人の思い出が、あなたを勇気づけてくれることがあります。
ペット	ペットは言葉を話しませんが、心をいやしてくれたり、命の大事さを教えてくれたりします。
神様や仏様	宗教を信こうしている人にとって、神様や仏様は心のなかにいて、自分をはげましてくれたり、進む方向を教えてくれたりします。
はたらく人	給食調理員さんやバスの運転手など、あなたの生活を直接支えてくれている人はたくさんいます。

ワーク　サポーターマップをつくる④支えてくれる人

❶まん中に自分の顔と名前を書きます。
❷まわりに、サポーターの顔と名前、関係、どんなことをしてくれる人かなどを書きます。
❸「ぼくを守るスーパー戦隊」「私のまわりにいつもサポーター」など、マップに題名をつけます。
❹下のふき出しに、家族などサポーターのだれかからメッセージを書いてもらいます。

題名：

メッセージ

メッセージ

大人の方へ　メッセージを書いてもらうのは、とても大事な活動です。自分でサポーターと思った相手からお墨付きがもらえるからです。一方、親にとっては、自分の子どもが大事な存在であることをその子に伝えるとてもよい機会になります。

●第2部　実践編　レジリエンスを育てるワーク

43 夢を見つけよう

へこたれない心　　　夢・希望

　「日々、なんのために生活しているのか？」と感じたあなたは、人生の目的や夢を求めようとする時期になったのかもしれません。

　夢があれば、それを実現するために、つらいことがあってもがんばることができます。夢があれば、毎日の生活に意味を見いだして、ものごとにていねいに取り組むことができます。

　夢といっても、遠い将来の夢、近い将来の夢、将来なりたい仕事の夢、趣味についての夢、どんな家族や社会をつくりたいかという夢、などいろいろあります。いろいろな夢を見つけましょう。

ワークの準備

・あなたの夢はなんですか。絵や文章で自由に書いてください。

ワーク　いろいろな夢を見つけよう

❶**大人になったら**：どんな仕事につきたいか、どんな仕事で人の役に立ちたいか、どんなくらしをしたいか、など、自分やまわりの人が幸せにじゅう実した生活を送れるような夢を考えましょう。
- ○「世界各国で、英語で取引するような仕事につきたい」
- ×「大金持ちになりたい」　← お金をもうけてどんなじゅう実した生活を送りたいですか？

_____

_____

❷**進学**：どんな学校（高校や大学）に進んで、どんなことを学びたいのかを考えましょう。
- ○「福祉を学べる学校に行って、リハビリの技術を身につけたい」
- ×「自分の実力だと○○高校」　← これは志望高校を決めるワークではありません。

_____

_____

❸**習い事や趣味**：具体的な数字や、目に見える結果を目標に入れましょう。
- ○「ピアノでソナタまでひきたい」「水泳の50メートル自由形で○秒を切りたい」「野球の県大会で優勝したい」
- ×「サッカーがんばりたい」　← どのようにがんばりますか？ゴールの数など具体的な目標を入れましょう。

_____

_____

❹**家族や社会や世界についての夢**：あなたがくらすこの社会や地球。みんなが幸せにくらせるように、あなたはどのように関わっていきたいですか。
- ○「交通事故の少ない町にしたい。そのため、信号を増やしてもらうようううたえていきたい」
- ×「世界を平和にしたい」　← すばらしい夢ですが、そのことにあなたはどう関わっていきたいのかを考えてください。

_____

_____

大人の方へ　夢に正解はありません。どんな稚拙（ちせつ）な夢も否定せず、その子どものいまの気持ちを尊重しましょう。

44 立ち直り曲線（レジリエンスカーブ）

| へこたれない心 | 立ち直る自信 |

●立ち直り曲線

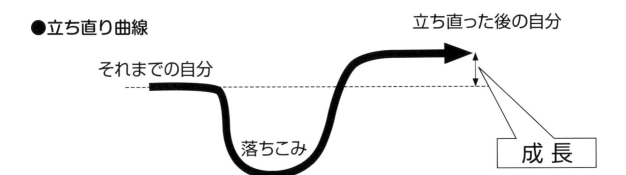

　人生は楽しいことだけではありません。困ったできごとが起きると、多くの人は落ちこんでしまいます。でも、不思議なことに、時間がたつと立ち直ることができます。そんな心の力（レジリエンス）を人はもっているからです。それを表したのが、上記の立ち直り曲線（レジリエンスカーブ）です。立ち直った後の自分は、それまでの自分より少しだけ上に上がっているのがわかります。上がった分が「成長」です。

　だれもみな立ち直ることができます。ただし、人によって、またできごとの内容によって、立ち直るまでの時間は変わります。つぎの日にはけろっとしている人もいれば、1週間、1カ月、もっとかかる人もいます。でも、立ち直る日はかならず来るのです。

ワークの準備

・あなたが落ちこんだ（落ちこんでいる）ことを1つ思い出して書きましょう。

ワーク　立ち直り曲線で自分がどこにいるか考えよう

❶ あなたはいま、立ち直り曲線のどこにいるでしょうか。

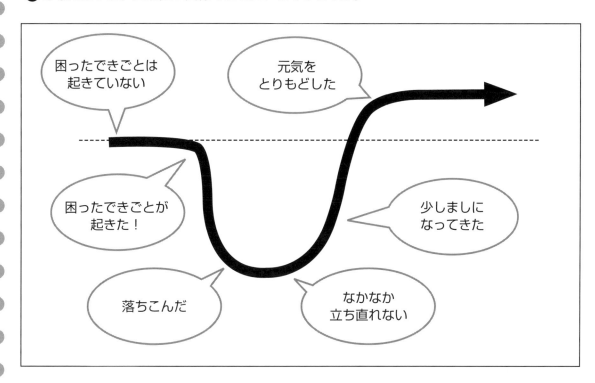

❷ 人は、苦しいできごとを乗り越えた後、どんなふうに成長することができるでしょうか。

大人の方へ　立ち直り曲線は、心の回復プロセスを単純化して描いたものです。シンプルな図によって、視覚の上からも、子どもに立ち直れる自信と見通しをもたせることができます。

45 いろいろな立ち直り曲線

へこたれない心　　立ち直る自信

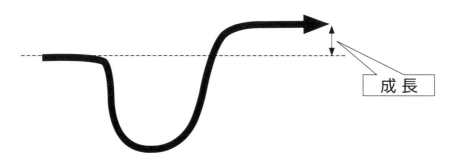

　困ったできごとが起きて落ちこんでも、みんなそこから立ち直ることができます。でも、立ち直り方は人によって、またそのできごとによって異なります。

　気持ちは理屈（りくつ）で割り切れるものではありません。ですから、実際には波のように浮（う）き沈（しず）みをくりかえしながら、だんだんと立ち直っていく場合があります。

　また、他人から見たら大変なできごとでも、本人はそれほど落ちこまずにすむことがあります。レジリエンスについて学ぶと、落ちこみを少しへらすことができます。

　長い時間で見れば、かならず立ち直ることができます。それでも、立ち直るまでには、絶望やあきらめの感情におそわれることがあります。そんなときは、だれかの助けを求めましょう。道はかならずひらけます。

ワークの準備

・いろいろな立ち直り曲線があることを知りましょう。

①立ち直りかけてはまた落ちこむ。それを波のようにくりかえしながら立ち直る。

②大変なできごとでも、そんなに落ちこむことなく自然に立ち直る。

③落ちこんでいる最中。でも、いつかかならず立ち直れます。

ワーク　立ち直り曲線を描こう

❶ あなたが落ちこんだ経験を思い出し、そこから立ち直るまでを曲線で表しましょう。
❷ そのときどきに感じた気持ちをふき出しに書きましょう。
❸ いま落ちこんでいる人は、将来立ち直るまでの予想線を描きましょう。

・友だちの立ち直り曲線を勝手に見てはいけません。

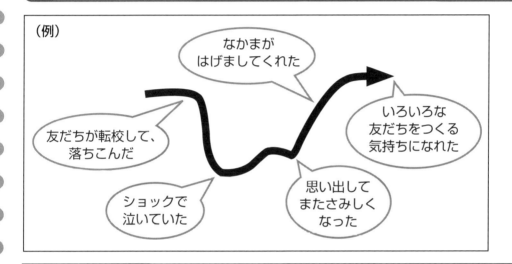
（例）
- なかまがはげましてくれた
- 友だちが転校して、落ちこんだ
- ショックで泣いていた
- 思い出してまたさみしくなった
- いろいろな友だちをつくる気持ちになれた

大人の方へ　落ちこんでいる子どもがいる場合には、その子どもの話をよく聞いてやり、必要に応じて、保護者に連絡をするなど、適切な対応をおこないます。

46 大人の人から学ぶ「立ち直り」

| へこたれない心 | 立ち直る自信 |

　大人の人はだれでも、これまでの人生でさまざまな苦労を乗り越えてきています。伝記に書かれるような有名人でないふつうの人でも、よく聞けばすごい体験をしています。

　そんな体験を聞くことで、あなたのレジリエンス（立ち直る力）も高めることができます。自分でインタビューした人のお話は、かならず覚えています。その記憶は、あなたが苦しくなったときにきっとよみがえって、あなたの心に勇気を与えてくれるでしょう。

ワーク　大人に「立ち直り体験」をインタビューしよう

❶立ち直り曲線を見せて、苦労を乗り越えた経験をくわしく聞き出しましょう。
❷つぎのページのワークシートを参考に、質問をします。
❸つらい思い出は語るのも苦しいものです。話をしてくれたことに、感謝と尊敬の気持ちをもって感想を伝えます。いちばん印象に残ったことを具体的に話します。
❹その人を主人公にした物語を書きます。

○○さんの立ち直り体験を教えてください

ワークシート

❶ どんな経験をしたか

_____

_____

_____

_____

❷ 質問の答え（要点メモ）

質　問	答　え
落ちこんだとき どんな気分でしたか。	
どのようにして立ち直ることができたのですか。	
だれかに相談しましたか。	
支えてくれた人はいますか。	
その経験をして、得たもの、学んだことはありますか。	
その体験から、私たちに伝えたいことを教えてください。	

大人の方へ　家族など身近な大人から「立ち直り体験」を聞く機会は案外少ないものです。この活動を通して、その人への尊敬と親しみが増すことでしょう。

47 物語からレジリエンスを学ぼう

| へこたれない心 | 立ち直る自信 |

　物語には、主人公が苦難にぶつかって、それを乗り越えて成長していく話がたくさんあります。苦しみや悲しみのなかから主人公が見いだす「希望」に、私たちは胸を打たれます。それはまさにレジリエンスの物語でもあります。

　立ち直り曲線をイメージしながら、主人公の成長を追っていくのも、物語のひとつの味わい方です。そして、そこからいろいろなことを学ぶことができます。

ワークの準備

・立ち直り曲線をイメージしながら『スイミー』を読みましょう。

『スイミー　ちいさな　かしこい　さかなの　はなし』
レオ＝レオニ作／谷川俊太郎訳（好学社、1969年）

お話の内容：ちいさな魚のスイミー。兄弟たちがみんな赤いなかで、スイミーだけ真っ黒。大きなマグロが、兄弟たちを全部飲みこんでしまいます……。

ワーク 「スイミー」がどのように立ち直っていったかを考えよう

❶ スイミーたちが直面した大変なできごととはなんでしょう。

❷ スイミーはどんなふうに苦しみましたか。

❸ スイミーはどのようにして元気をとりもどしましたか。

❹ スイミーのすごいところはどこですか。

❺ スイミーのサポーターはだれですか。

大人の方へ　●レジリエンスを学べる本、映画、アニメの例

『ずーっと　ずっと　だいすきだよ』ハンス・ウィルヘルム作／久山太市訳（評論社、1988年）
『ろくべえまってろよ』灰谷健次郎作／長 新太絵（文研出版、1975年）
『つりばしわたれ』長崎源之助作／鈴木義治絵（岩崎書店、1976年）
『赤毛のアン』モンゴメリ作／村岡花子訳（新潮文庫、1954年）
『セロひきのゴーシュ』宮沢賢治作、茂田井 武絵（福音館書店、1966年）
『西の魔女が死んだ』梨木香歩（新潮文庫、2001年）
『となりのトトロ』（映画、1988年）
『千と千尋の神隠し』（映画、2001年）

48 乗り越え体験をつづろう

へこたれない心　　立ち直る自信

　人はいろいろな困難を乗り越えながら生きていきます。そうした「乗り越え体験」を重ねることで、生きる知恵や心の強さを身につけていきます。そして、それは「困ったことが起きてもなんとかなる」という自信につながります。
　あなたにも「乗り越え体験」があるはずです。これまでのことを思い出して、それを作文につづってみましょう。

ワークの準備

・あなたの乗り越え体験を思い出して、できごとを1文で書きましょう。

ワーク　乗り越え体験をつづろう

❶ 要点メモをつくり、最後にそれをまとめて作文を書きましょう。

やくそく
・作文は「悲しかった」「苦しかった」などの言葉でかんたんにまとめてしまわないで、要点メモを見ながらくわしく書きましょう。

ワークシート　要点メモ

❶ どんなできごとが起きたのかを、順序を追ってくわしく書きます。

● いつ／どこで／だれが／どうなったなど

❷ どのように落ちこんだのか、そのときの自分のようすを書きます。

● 困った／傷ついた／どきどきした／腹が立った／涙が出た／ねむれなくなったなど

❸ どのようにして乗り越えたのかを書きます。

● 解決のきっかけになったできごと／助けてもらったこと／自分でがんばったことなど

❹ どのように自分が変わったのか、成長できたのかを書いてまとめとします。

● 考え方／生活態度／人との接し方など

大人の方へ　作品はそれぞれがレジリエンスのすばらしい教材になります。本人の承諾を得て、ほかの子どもに読ませましょう。

49 悲しみの詩をつづろう

へこたれない心　　　悲嘆ケア

　心のなかにある怒りやもやもやしたものを文章に書いてはき出すと、気持ちが楽になることがあります。人に見せないのなら、にくしみをつづることさえできるのです。悲しみをつづれば、心が少しやわらぎます。

　しかし、作文を書こうと思えば、ある程度形式や文法を守り、相手に伝わるように書かなくてはいけませんし、短歌や俳句も、五七五七七や五七五の音の数などの決まりがあります。

　でも、詩にはなんの決まりもありません。句点や読点をなくしてもかまいませんし、好きなところで改行しても、くりかえしを使ってもかまいません。

　詩は、心のさけびです。自分の心にあるものを、そのまま言葉にすることができます。ときには怒りをぶつけ、ときにはうれしさいっぱいに、ときには愛しい思いをあふれさせ、ときには絶望の淵からさけべばよいのです。

ワークの準備

・コウキくんが書いた詩を読みましょう。

ポチが死んだ　　　コウキ

ポチが死んだ
ポチが死んだ
百歳で死んだ
ぼくが生まれたときに、もうポチはいた
ポチといっしょにくらした
ポチと散歩するのが日課だった
ときどきめんどうくさくなって
行かないと
ワンワン鳴きつづけた
去年から元気がなくなってきたポチ
人間だと百歳ぐらいになるそうだ
十日前から水も飲まなくなった
ぼくが近づいたときだけ、鼻を動かした
そして今朝
起きたら、ポチは固くなっていた
ママとねえちゃんは声を上げて泣いた
ぼくも泣いた
あしたからポチがいない
あしたからポチがいない
あしたからポチがいない
あしたもポチがいない

ワーク　悲しみの詩をつづろう

● これまでのできごとで、悲しくて落ちこんだことを詩につづりましょう。できれば、「悲しい」という言葉をあまり使わないでつくりましょう。「悲しい」という言葉で、さまざまな気持ちがまとめられてしまうからです。悲しいと感じたできごとや、そのときの自分の行動を具体的に書くほうが、自分の気持ちをしっかりと見つめ直すことにつながります。

やくそく
- つくった詩は、人に見せたり、発表したりしてもかまいません。
- 人に見せないで自分のものだけにしてもかまいません。
- だれかの悪口を書いた詩は人に見せてはいけません。
- 人が書いた詩を勝手に見てはいけません。

大人の方へ　あまりに深い悲しみは言葉にできないことがあります。そのようなことがらを無理に書かせる必要はありません。そうしたできごとは大事に心にしまっておかせ、詩に書けそうなできごとを取り上げるように助言します。

50 「四本の木」の生き方に学ぼう

へこたれない心　　心の力と生き方

「四本の木」

むかしむかしのお話。

丘の上に、一樹（かずき）という名の一本の木が立っていました。
ある夜、はげしいあらしが吹き荒れました。
朝になると、一樹は幹（みき）からぼきりと折れていました。

それを見ていた三本の子ども、大樹（だいき）、優樹（ゆうき）、朋樹（ともき）は、考えました。
どうしたら、あらしにも生き残ることができるだろうか……。

大樹は、根を深くのばし、幹を太くしてじょうぶな木に育ちました。
どんな強い風が吹いても、大樹はびくともしませんでした。

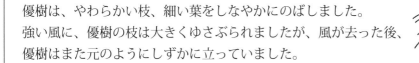

優樹は、やわらかい枝、細い葉をしなやかにのばしました。
強い風に、優樹の枝は大きくゆさぶられましたが、風が去った後、優樹はまた元のようにしずかに立っていました。

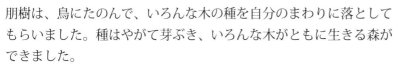

朋樹は、鳥にたのんで、いろんな木の種を自分のまわりに落としてもらいました。種はやがて芽ぶき、いろんな木がともに生きる森ができました。
あらしは森にも吹き荒れました。しかし、身を寄せ合って風にたえた木々は、一本もたおれませんでした。

さて、幹から折れた一樹はどうなったでしょうか。
折れた幹から上と枝葉は枯れて、土になっていきました。
でも、残った株をよく見ると……、あれあれ、小さな芽が出ています。
小さいけれど、みずみずしく生気に満ちた、新しい一樹の誕生です。

ワークの準備

・「四本の木」のお話を読み、どの木の生き方が好きか考えましょう。

ワーク　4つのコーナーにわかれて好きな理由を発表しよう

❶ 好きな木の名前と好きな理由を、自分の経験と照らし合わせながら具体的に書きましょう。

好きな木の名前	理由

❷ 4つのコーナーにわかれ、あなたがその木が好きな理由を発表しましょう。

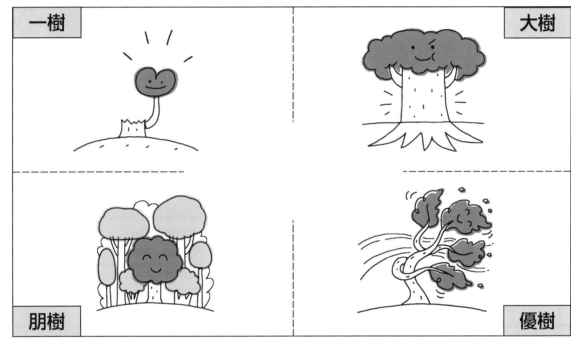

❸ 友だちの発表をよく聞き、心に残った言葉を書き出しましょう。

大人の方へ　観念的な考えだけでなく、勉強やスポーツなど、自分の体験を交えて好きな理由を発表させると、話し合いに深みが出ます。

52 こんなときどうする ②地震がこわい

へこたれない心　　　災害への不安

　日本では、大きな地震や津波、豪雨災害や火災など、さまざまな災害が起こります。自分がそうした災害に巻きこまれるとは考えたくありません。
　しかし、災害はいつ起こるかわかりません。日ごろからどんな心がまえをしていればよいのかを考えておくことが必要です。

ワークの準備

・友だちのことだと思って、ケンタくんが書いたつぎの文章を読みましょう。

> ぼくの心配事　　ケンタ
>
> 　ぼくは、地震がこわくてこわくてたまらない。
> 　テレビで見た東日本大震災のようすは、現実に起こっていることとは思えなかった。津波の真っ黒な水が、つぎつぎと田んぼや町をのみこんでいく。家がまるでおもちゃのように流されていく。人びとの悲鳴、屋根に乗って助けを求める人。そして水につかった原子力発電所からもれた放射能……。
> 　学校で避難訓練をしたとき、これからも大きな地震が起こる可能性が高いと聞いた。
> 　ぼくはときどき、津波で自分の家が流されていく夢を見る。家がこわれるのはいやだ。そして、津波でおぼれてしまうかもしれない。そして、家族や友だちが亡くなるのがとても不安だ。

112

ワーク あなたがアドバイザー ②災害への不安について

❶あなたなら、ケンタくんにどんな言葉をかけますか（❷を読む前に書きましょう）。

_____

_____

❷ユウジくんとサトシ先生からのアドバイスを読みましょう。

●ユウジくんからのアドバイス

> 　テレビで「釜石の奇跡」の話を見ました。
> 　東日本大震災のとき、岩手県の釜石も大きな被害を受けました。地震が起きた後、釜石の小学生や中学生が、自分の判断で津波を避けるためにすぐに高台へ避難したそうです。大声で「津波が来るぞ」とさけんで町の人にも知らせました。ベビーカーを押したり、お年寄りの手を引いたりして避難しました。家に帰って、おばあちゃんに「津波が来る」と説得していっしょに避難した子もいました。そうやってたくさんの命が助かったそうです。それを見て、子どももだれかの命を守ることができるのだと思いました。
> 　ぼくがもう少し大きくなって、災害などで困っている人がいたら、ボランティアをしてみたいです。大地震はこわいけれど、そんなときこそ、みんなで助け合いをしたいです。

●サトシ先生からのアドバイス

> 　たとえば、南海トラフの巨大地震は、今後30年間に、60％以上の確率で起きると言われています。大きな地震が私たちの近くで起きることは、常に心配しなくてはいけません。地震は自然災害なので、人間の力で止めることはできません。
> 　しかし、被害はへらすことができます。避難訓練をするのもそのためです。家では、家具を固定したり、防災用品をそろえておいたりすることもできます。新しい建物は、強い地震にも耐える構造になっています。古い建物の補強工事もおこなわれています。国や自治体も、災害に強い町づくりを進めています。私たちも、災害をただおそれるだけでなく、それについてよく知り、日ごろから準備しておくことが大切です。

❸ユウジくんとサトシ先生からのアドバイスを読んで考えたことを書きましょう。

_____

_____

_____

_____

大人の方へ 避難訓練などの防災教育では、命の重み、人と協力することの大切さ、あきらめないで未来を築こうとする意志などをテーマとすることができます。それは、子どものレジリエンスを高められる絶好の機会でもあります。

53 こんなときどうする ③スカートをはきたくない

へこたれない心　　性別のなやみ

　人はひとりずつ顔も性格も異なります。好きなものやきらいなものも異なります。また、女子の好きなものは○○で、男子の好きなものは□□というように決まっているわけでもありません。

　しかし、男と女のちがいについての古い考えはまだまだ強く、「女のくせに」とか「男のくせに」と言われることがあります。

ワークの準備

・友だちのことだと思って、メグミさんが書いたつぎの文章を読みましょう。

私のなやみ　　メグミ

　スカートをはきたくない。

　私は女の子だけれど、男の子たちとサッカーやドッジボールなどをしたりして遊ぶのが好きだ。スカートは動きにくいし、なんかいやだ。だからふだんは絶対ズボンしかはかない。スカートだから、仕方なしにはいている。女子はスカートだから、制服だけは別だ。

　低学年のときは、まあがまんできたけれど、このごろとてもいやになってきた。それで、この前体操ズボンのままで登校したら、先生にしかられた。

　それでも、スカートはいやだ。中学生になってもスカートをはかなくてはいけないので、なやんでいる。男の子の友だちになやみを話したら、「お前、やっぱり男やなあ」とひやかされて、ちょっと傷ついた。

ワーク あなたがアドバイザー ③性別のなやみについて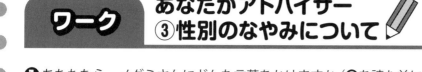

❶ あなたなら、メグミさんにどんな言葉をかけますか（❷を読む前に書きましょう）。

_____

_____

❷ トシヒコくんとタダシ先生からのアドバイスを読みましょう。

●トシヒコくんからのアドバイス

　ぼくは男だけれど、「お前、女みたい」と言われる。髪の毛が長く、声が少し高いからかもしれない。女の子とよく遊んでいるからかもしれない。でも、ぼくはスカートをはきたいと思っているわけではない。
　スカートをはきたくない気持ちはぼくにはよくわからないけれど、それは人それぞれだからいいんじゃないかなあ。親せきのおじさんは会うたびに「髪を切れ」と言うので、ぼくはいやな気持ちになる。だけど、笑って言いかえしてやるんだ。「ひげをそれ！」って。どう見ても似合っていないひげだから。それも好みだよね。
　制服は決まっているから仕方がないけれど、どうしてもいやだったら先生に相談したらいいと思うよ。

●タダシ先生からのアドバイス

　男と女のちがいはなんでしょうか。体？　性格？　好み？　男は筋肉質で気が荒く、女は丸みがあっておしとやか？　でも、それは、すべての人にあてはまることではありません。あなたのように、女子でもスカートがきらいな人がいるのですから。
　それから、体が男性でも、心が女性の人がいます。体も心も女性なのに、恋人として女性を好きになる人もいます。男性なのに、女性の服を着たがる人もいます。男性と女性の体の特徴を両方もっている人もいます。
　そのように、男性、女性にはいろいろなタイプの人がいるのです。男・女である前に、人間としてお互いを尊重し合わなくてはいけません。

❸ トシヒコくんとタダシ先生からのアドバイスを読んで考えたことを書きましょう。

_____

_____

_____

_____

大人の方へ　性の多様性について、ここではかんたんに触れましたが、メグミさんの場合は「性別違和」というより、好みの問題として取り上げました。大切なのは、性別違和に限らず、子どもの個別のなやみに、柔軟に支援、対応することです。

54 こんなときどうする ④パパがご飯をつくってくれない

へこたれない心 ／ 家庭生活の困難

家庭はいちばん安心する場所であり、家族はもっとも大好きな人びとです。しかし、さまざまな事情で、家族の関係がうまくいかなくなることがあります。

たとえば、親は、子どもを大事に育てる義務がありますが、それをうまく果たせない人がいます。親も人間ですから、弱い気持ちやよくない気持ちをもってしまうことがあるからです。

とくに、親が子どもにきちんとご飯を食べさせないのは、「虐待(ぎゃくたい)」であり、法律で罰せられることです。

虐待は大人が悪いのですが、子どももうまく自分を守る方法があることを知っておいてほしいのです。

ワークの準備

・友だちのことだと思って、アキラくんが書いたつぎの文章を読みましょう。

ぼくのなやみ　　アキラ

パパがご飯をつくってくれない。朝ご飯は食べない。給食でいっぱい食べる。夜は、カップラーメンかおやつ。

去年、ママはパパと別れて家を出ていった。はじめのうちは、パパがご飯をつくってくれていた。でも、帰りがおそくなることがあった。そんなときは、おやつを食べて待っていたけど、いつの間にか寝てしまうことも多かった。そのうち、毎晩帰りが遅くなった。カップラーメンがあれば、ぼくがお湯をわかして、妹とふたりで食べる。

家は散らかっていて、学校のもち物が見あたらないこともある。朝寝坊して、学校の先生がむかえに来てくれることもある。

おばあちゃんがたまに来て、部屋を片づけたり、ご飯をつくってくれたりする。でも、おばあちゃんの家は遠いし、車の運転もできないから、しょっちゅうは来られない。パパはきらいじゃないけれど、あまりめんどうを見てくれない。

ワーク あなたがアドバイザー ④家庭生活の困難について

❶あなたなら、アキラくんにどんな言葉をかけますか（❷を読む前に書きましょう）。

_____

_____

❷ヤスシくんとミライ先生からのアドバイスを読みましょう。

●ヤスシくんからのアドバイス

　ぼくも、母親とふたりでくらしていた。けれども、母は家にあんまり帰って来なくなって、ご飯を食べなかったり、お風呂に入らなかったりする生活がつづいた。学校の先生が、心配していろいろ聞いてくれたけれど、ぼくははずかしいから、ごまかしていた。

　でも、学校の先生や児童相談所の人とかが母と相談して、ぼくは施設に入ることになった。施設の先生は親切だったし、友だちもできた。

　その後、結局、ぼくはおばあちゃんと住むことになった。おばあちゃんは口うるさくて料理が薄味だけれど、やっぱり家のほうがのんびりできていい。おばあちゃんの料理に飽きたらカレーをつくるんだ。

　転校したり、引っ越したりして、気持ちも荒れていたけれど、文句を言ってもはじまらないから、ちょっとでも楽しく生活できるように工夫しようと思っている。

●ミライ先生からのアドバイス

　家庭というのは、うまくいっているときはいいけれど、何かがくずれると、幸せな場所ではなくなります。

　あなたのお家も、ご両親が離婚してから、お父さんの生活も乱れてきて、あなたたちをしっかりとお世話できなくなってしまったのでしょう。あなたたちの生活も乱れ、健康の状態が悪くなっていかないかと心配です。

　おばあちゃんがときどきお世話をしてくれているようですが、だれかほかの大人の人にも助けてもらうことが必要です。学校の先生に助けを求めましょう。先生が児童相談所の人などに相談して、どうすればよいかを考えてくれます。

　あなたが苦労していることは、まったくはずかしいことではありません。困ったことがあれば堂々と助けを求めてください。

❸ヤスシくんとミライ先生からのアドバイスを読んで考えたことを書きましょう。

_____

_____

大人の方へ　実際にアキラくんのような育児放棄（ネグレクト）や、そのほかの虐待にあっている（と疑われる）子どもがいる場合は、市町村の教育委員会や福祉課、スクールカウンセラー、児童相談所などと連携して、すぐに対処・介入することが必要です。

55 こんなときどうする ⑤ みんなに無視された

へこたれない心 ／ いじめへの対応

　いじめは、絶対にゆるされません。それでも、もしいじめられることがあった場合、まずは自分の身を守るために行動することが大切です。いじめがどんどんひどくなって心身の傷が深まる前に、できることがあります。

ワークの準備

・「もし自分だったら」と考えながら、ヒナさんが書いたつぎの文章を読みましょう。

> 私のなやみ　　ヒナ
>
> 　今朝、教室に入ったらなんかへんなふんいきを感じた。ミカちゃんに「おはよう」と言っても答えてくれない。みんな目をふせるようにしてはなれていく。いちばんなかよしのショウコちゃんのところに行って、「おはよう」って声をかけてみた。小声で「おはよう」と返してくれたけど、それ以上話してくれなかった。
> 　結局、今日一日、女子はだれも話してくれなかった。みんなから無視された。男子も、私から話しかければ、短い返事はしてくれたけど、昨日までみたいには話してくれなかった。
> 　どうして？　昨日、ユウキちゃんとけんかしたからかな……。
> 　もう学校に行きたくないよ……。

ワーク あなたがアドバイザー ⑤いじめから身を守るために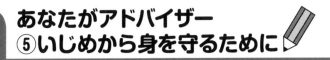

❶あなたなら、ヒナさんにどんな言葉をかけますか（❷を読む前に書きましょう）。

_____

_____

❷ナオトくんとタダシ先生からのアドバイスを読みましょう。

●ナオトくんからのアドバイス

　ぼくも、小学生のときにそんなことがあった。まず、「○○を無視しろ」という連絡がまわってくる。さからうと自分が無視されるので、連絡の通り無視した。ちょっとかわいそうな気がしたけれど、とにかくめんどうに巻きこまれたくなかった。

　無視する相手は、どんどん変わっていった。ぼくがボスだと思っていた子も無視された。ボスのグループがなかま割れして、無視をし合ったんだ。そんなクラスは楽しくなかった。

　結局、先生が知って、クラスで話し合いをすることになった。それですぐによくなったわけではなかったけれど、みんなで何度か話し合っているうちに、だんだんといじめがなくなっていった。お互いの気持ちがわかり合えるようになったからじゃないかな。いまから思うと、もっと早く話し合いをすればよかったと思う。

　ヒナさんも、いじめが大きくならないうちに、親か先生に言ったほうがいい。

●タダシ先生からのアドバイス

　いじめのあるクラスは、いつもだれかが標的にされます。しばらくいじめに耐え、対象がほかの子に移ったとしても、今度はあなたがいじめる側になるかもしれません。

　いじめをなくすには大人の力が必要です。担任の先生がうまく対処できない場合、家の人に話して、学校全体で取り組んでもらいましょう。あなたたちが安心して教室で学べるようにする責任は、学校の先生たちにあるのです。

　いじめられるのは、はずかしいことではありません。はずかしいのはひきょうなことをする人たちのほうです。「チクった」と言われるのを心配する気持ちもわかります。でも、だまっていてもいじめはつづきます。堂々と「いじめをなくしてください」と先生にうったえましょう。がまんできなくなったり、身の危険を感じたりしたときは、一時的に学校を休みましょう。まずは、自分の身を守ることが大切です。

❸ナオトくんとタダシ先生からのアドバイスを読んで考えたことを書きましょう。

_____

_____

_____

> **大人の方へ**　命を守るための一時的な対処法として、学校を休むことやいじめのターゲットになりにくいようにうまくかわすことなどがあります。逃げることもはずかしいことではありません。大人はいじめ事象には積極的に介入して、解決しなければいけません。

56 なぜ生きるの？

へこたれない心　　生きる意志

　生きるのが苦しい——。それは、だれもがいつ感じてもおかしくない気持ちです。「ヤドカリの物語」を読んで、なんのために生きるのか、ヤドカリといっしょになやんでください。お話は途中で終わっています。つづきはあなたが考えてください。

なんのため

ワークの準備

・つぎの「ヤドカリの物語」を読んで、なんのために生きるのか、ヤドカリといっしょになやんでみてください。

ヤドカリの物語

セッカーン作

苦しい。
歩くのが、苦しい。
生きるのが、つらい。
なんのために生きるのだろう。
小さいころは、あんなに楽しかったのに。
ローカン*は、やさしくゆったりしていたのに。
いま、ローカンは、がんこできゅうくつだ。

ヤドカリは、カメノテ*のところに行って聞きました。
「なんのために生きるの？」
カメノテは言いました。
「答えは高い空にある」

ヤドカリは、空を見上げました。

空は青く高く美しかったけれど、何も教えてくれません。

それでもヤドカリは、磯(いそ)にねころんで見つづけました。

雲がわき、雨が降(ふ)りました。

風が吹き、あらしになりました。

それでもヤドカリは、みじろぎもせず＊おりました。

あらしがしずまり、空が赤く焼(や)けました。

明星(みょうじょう)が、西の空にかがやきました。

それを合図に、星たちがひとつ、ひとつと目を覚(さ)ましてゆきました。

やがて、漆黒(しっこく)＊のキャンバス＊で、いく万いく億の星がまたたきはじめました。

「あの星のひとつひとつが、お日様なのさ」

カメノテも、いっしょに夜空を見上げていたのでした。

「えっ」

ヤドカリは、そのとき、何かわかったような気がしました。

でもそれは、言葉になる前に、夜空に溶(と)けてゆきました。

星は、ヤドカリに無数の光を降らせました。

ヤドカリは、涙を砂の上にこぼしました。

つぎの日、ヤドカリは、シオマネキに聞きました。

「なんのために生きるの？」

シオマネキは言いました。

「答えは深い海にある」

ヤドカリは、海にしずんでゆきました。

＊ローカン：ヤドカリがつくった言葉です。何を指すか、自分で想像(そうぞう)しましょう。
＊カメノテ：磯辺の岩にはりついてくらす貝のなかま。形が亀の手に似ている。
＊みじろぎもぜず：少しも動かずに。
＊漆黒(うるし)：漆でぬりつぶしたような深い黒色。
＊キャンバス：絵をかく布。

ワーク　つづきを考えて「ヤドカリの物語」を完成させよう

❶ あなたは、「生きるのがつらい」とか「生きるのが苦しい」などと思ったことがありますか。

❷ ヤドカリはなぜ「えっ」と言ったのでしょうか。

❸ 空を見ていたヤドカリは、どんなことがわかったのでしょうか。ヤドカリが言葉にできなかったこと、それをあなたなりに言葉にして書いてください。

❹ヤドカリは、海のなかで、どんなものを見て、どんな経験をしたでしょう。ヤドカリが「何のために生きるの？」の答えを見つけるまでのお話を書きましょう。

ヤドカリの物語（つづき）

　　　　　　　　　　　　　　　　　　　　　　　　　　　作

ヤドカリは、海にしずんでゆきました。

（紙が足りなくなったら、別の紙につづけて書きましょう）

青いお空に

信じる気持ち 大切にして
やさしい花を 咲かせよう
けんかをしても 傷つけ合っても
きっと あしたはなかなおり
青いお空に 歌ってる

つらいできごと とどかぬ思い
涙こらえて うつむいた
泣きたいときは 泣いたらいいよ
ほうら みんなが 待っている
青いお空を 見上げよう

嵐の秋も 吹雪の冬も
別れの春も 照る夏も
元気 しなやか へこたれないで
かがやく日々を 生きていく
青い地球に 生きていく

(上じいと子どもたち作)

●参考文献

この本で参考にした本

『学校現場から発信する 子どもの自殺予防ガイドブック——いのちの危機と向き合って』阪中順子著（金剛出版、2015年）

『リジリエンス——喪失と悲嘆についての新たな視点』ジョージ・A・ボナーノ著／高橋祥友監訳（金剛出版、2013年）

『PTG 心的外傷後成長——トラウマを超えて』近藤 卓編著（金子書房、2012年）

「『折れない心』を育む」『教育と医学』小塩真司（慶應義塾大学出版会、2012年7月号）

『悲しみの乗り越え方』高木慶子著（角川書店、2011年）

『子どものリスクとレジリエンス——子どもの力を活かす援助』マーク・W・フレイザー編著／門永朋子・岩間伸之・山縣文治訳（ミネルヴァ書房、2009年）

『ストレスをパワーに変える！——あなたの仕事と人生を支配する4つの力』マーク・J・タガー著／住友光男・和栗 章・ラーニング・マスターズ株式会社訳（ダイヤモンド社、2004年）

『幼児期のレジリエンス』小花和Wright尚子著（ナカニシヤ出版、2004年）

『動作とイメージによるストレスマネジメント教育 基礎編——子どもの生きる力と教師の自信回復のために』山中 寛・冨永良喜編著（北大路書房、2000年）

『動作とイメージによるストレスマネジメント教育 展開編——心の教育とスクールカウンセリングの充実のために』冨永良喜・山中 寛編著（北大路書房、1999年）

『子どものためのストレス・マネジメント教育——対症療法から予防措置への転換』竹中晃二編著（北大路書房、1997年）

参考になる本

『「元気・しなやかな心」を育てる レジリエンス教材集1』深谷昌志監修／深谷和子・上島 博・子どものレジリエンス研究会著（明治図書、2015年）

『「へこたれない心」を育てる レジリエンス教材集2』深谷昌志監修／上島 博・木瀬達也・子どものレジリエンス研究会著（明治図書、2015年）

『発達障害の子の立ち直り力「レジリエンス」を育てる本』藤野 博・日戸由刈監修（講談社、2015年）

『子どもの「逆境に負けない心」を育てる本——楽しいワークで身につく「レジリエンス」』足立啓美・鈴木水季・久世浩司著（法研、2014年）

『新版 自分をまもる本』ローズマリー・ストーンズ著／小島希里訳（晶文社、2013年）

『ホーミタクヤセン——インディアンの癒しの言葉』野口法蔵監修／マリリン・ヤングバード語り／福田たまみ訳（七つ森書館、2012年）

『CD-ROM付き！ ワークシートでブリーフセラピー——学校ですぐ使える解決志向＆外在化の発想と技法』黒沢幸子編著（ほんの森出版、2012年）

『元気！ しなやか へこたれない 子どもの「こころの力」を育てる—レジリエンス—』深谷昌志監修／深谷和子・上島 博・子どもの行動学研究会・レジリエンス研究会著（明治図書、2009年）

『子どものための認知療法練習帳』R・D・フリードバーグ、B・A・フリードバーグ、R・J・フリードバーグ著／長江信和・元村直靖・大野 裕訳（創元社、2006年）

『子どもと若者のための 認知行動療法ワークブック——上手に考え、気分はスッキリ』ポール・スタラード著／下山晴彦監訳（金剛出版、2006年）

『強い自分になる方法——心のちからを育てよう』カウフマン＋ラファエル＋エスペランド著／和歌山友子訳（筑摩書房、2005年）

あとがき

　私は、3年前、病気が見つかり、仕事を休むことになりました。その前日まで、学級担任として、授業をしたり走り回ったりしていた生活が一変しました。

　はじめての入院、はじめての化学療法、いままで遠い世界のできごとだったことが、自分の身に起きていました。

　しかし、じつは、私は人が思うほど落ちこんでいなかったのです。仕事のストレスからの解放感さえ味わっていました。

　それは、私が特別に強い人間であったからというわけではありません。たとえば、症状がもっと苦痛の激しいものであったら、そうはいかなかったでしょう。

　でも、ひとつだけ言えるのは、私がレジリエンスのことを教わっていたことが、確実に役に立ったということです。

　私には、見通しがもてました。

　「病気になったから、しばらく落ちこむだろうな」

　「でも、そのうち慣れてくるだろうな」

　「(体は元にもどらなくても) いつかかならず立ち直れるだろう」といった見通しです。

　それから、「いまは私が困っているのだから、人に助けてもらおう」と思うこともできました。友人に打ち明けたので、メールではげましてくれたり、おみまいに来てくれたりしました。お医者さま、看護師さんたちの助けに、素直に身をまかせることができました。

　また、日々明るい心でくらせるように、いろいろ工夫しようと考えました。思いなやむことより、アイデアを出すことが大事です。ふだんはあまり見ないコメディ番組を見て声を立てて笑ったり、同室の人と冗談を言い

合ったりしました。また、少しでも体を動かすようにしました。

　最新の技術に基づいた高度な治療を受けて、私は退院することができました。そして、なんと、2年半ぶりに教師の仕事にもどることもできたのです。小学校4年生の学級担任となりました。

　誕生日には、クラスの子どもたちがサプライズで誕生日会を開いてくれました。もらったお手紙を読みながら、私は日本でいちばん幸せな60歳の学級担任だと思いました。

　この本には、「前向きになる」「明るい心になる」ためのワークもあります。でも、不安感が強かったり、社交的になれないと感じたりしている人が、自分をだめだと思う必要はありません。さまざまな性格の人がいるから、社会はあたたかくなるのです。悲しみや不安やストレスを抱えながらも生きている「ありのままの自分」を大切にしましょう。そして、家族やなかまといっしょに、幸せになりましょう。

　最後に、この本を執筆するに当たって、ともに研究し知恵を貸してくれた「子どものレジリエンス研究会」のみなさん、すてきなイラストをお描きくださったタカダカズヤさん、授業のワークシートでしかなかったものをりっぱな本に仕立ててくださった合同出版編集部のみなさんに感謝を申し上げます。

　2016年1月

　　　　　　　子どものレジリエンス研究会代表　上島 博

【著者紹介】

上島 博（うえじま・ひろし）

子どものレジリエンス研究会代表。公認心理師。奈良県香芝市立五位堂小学校教諭。
1979年、奈良教育大学小学校教員養成課程修了（教育社会学専攻）。
子ども支援士（教育支援人材認証協会）、日本子ども社会学会会員。
公立小学校教員をつづけるかたわら、教員仲間とともにレジリエンスを育てる実践的研究をおこなってきた。

・子どものレジリエンス研究会

小中学校の教員、養護教員を中心に、学校教育でレジリエンスを教えることの可能性に気づいたメンバーが集まって2006年に実践的研究を開始。2009年、レジリエンス教育がおこなわれているオーストラリアの学校や研究所を視察する。そこで学んだことを生かし、おもに学校の授業で使える教材づくりと実践を進めている。
研究会のおもな編著書として『子どもの「こころの力」を育てる──レジリエンス 元気！ しなやか へこたれない！』（明治図書、2009年）、『「心の力」を育てる レジリエンス教材集（全2巻）』（子どものレジリエンス研究会、2014年）、『「元気・しなやかな心」を育てる レジリエンス教材集1』『「へこたれない心」を育てる レジリエンス教材集2』（ともに明治図書、2015年）、『「たすけて！」は生きぬくための合言葉 レジリエンスが育つ たすけ合い体感ゲーム』（合同出版、2020年）がある。

イラスト版 子どものレジリエンス
──元気・しなやか・へこたれない心を育てる56のワーク

2016年2月5日　第1刷発行
2023年7月25日　第6刷発行

著　　者　上島 博
発 行 者　坂上美樹
発 行 所　合同出版株式会社
　　　　　東京都小金井市関野町1-6-10
　　　　　郵便番号 184-0001
　　　　　電話 042（401）2930
　　　　　振替 00180-9-65422
　　　　　ホームページ https://www.godo-shuppan.co.jp/

印刷・製本　株式会社シナノ

■刊行図書リストを無料進呈いたします。
■落丁・乱丁の際はお取り換えいたします。

本書を無断で複写・転訳載することは、法律で認められている場合を除き、著作権及び出版社の権利の侵害になりますので、その場合にはあらかじめ小社宛てに許諾を求めてください。

ISBN978-4-7726-1267-8　NDC376　257×182
©Hiroshi UEJIMA, 2016